商业短视频从小白到大师

商业短视频
运营策划、粉丝引流、视觉营销
干货99招

王瑞麟 编著

化学工业出版社

·北京·

内 容 简 介

本书由短视频商业运营导师、冠军营销系统创始人、冠军销讲系统首席讲师——王瑞麟根据自身多年经验,从运营策划、粉丝引流和视觉营销3条线编写,帮助读者快速成为短视频运营高手,打造优质的IP品牌!

第一部分是运营策划,运营者可以通过为账号打上标签、让账号人格化等方法进行账号定位,通过对热门视频及短视频播放量、点赞量的统计来进行数据分析,通过口碑营销、事件营销等手段进行营销推广,通过广告、电商和直播等方法进行商业变现。

第二部分是粉丝引流,其中快手引流方法主要有原创视频引流和视频封面引流等,抖音吸粉技巧有广告引流和矩阵引流等,私域流量引流技巧主要有社群引流和电商引流等,这些方法和技巧可以帮助运营者获得更多粉丝。

第三部分是视觉营销,这部分详细介绍了10种视觉元素、6个视觉认知技巧、6种封面设计手段及9种文案设计方法,运营者可以按照这些方法设计出吸引眼球的短视频封面和店铺页面。

本书结构清晰、语言简洁,对于短视频运营和营销具有较强的指导性和针对性,适合普通短视频运营者、短视频创业者及从事电商的人群,还能作为培训机构的辅导书籍。

图书在版编目(CIP)数据

商业短视频运营策划、粉丝引流、视觉营销干货99招 / 王瑞麟编著. —北京:化学工业出版社,2021.4

(商业短视频从小白到大师)

ISBN 978-7-122-38359-4

Ⅰ.①商… Ⅱ.①王… Ⅲ.①网络营销 Ⅳ.①F713.365.2

中国版本图书馆CIP数据核字(2021)第017593号

责任编辑:李 辰 孙 炜　　　　　　装帧设计:盟诺文化
责任校对:边 涛　　　　　　　　　　封面设计:异一设计

出版发行:化学工业出版社(北京市东城区青年湖南街13号 邮政编码100011)
印　　装:北京瑞禾彩色印刷有限公司
710mm×1000mm 1/16 印张15$\frac{1}{2}$ 字数258千字 2021年6月北京第1版第1次印刷

购书咨询:010-64518888　　　　　　　售后服务:010-64518899
网　　址:http://www.cip.com.cn
凡购买本书,如有缺损质量问题,本社销售中心负责调换。

定　价:68.00元　　　　　　　　　　　　　　　　　　版权所有　违者必究

前　言

如果没有短视频及短视频所兴起的行业革命，那么就不会有现在的笔者。当笔者意识到短视频将会对新媒体行业带来巨大变革时，迅速对其进行了研究和分析。之后，笔者凭借自身的短视频运营经验与技能，游走于各大企业和公司，担任短视频运营和销售导师，并深受他们的喜爱。

笔者要说的是，虽然现在许多运营者已经意识到短视频是新媒体行业盈利的新方向，但是很少有人专门对短视频和视觉营销进行合并研究，例如，有的书籍讲到了短视频的营销，但没有讲运营；有的书籍提及了短视频引流变现，却忽略了视觉营销。因此，笔者便想写一本专门介绍短视频的书籍，希望能将自己多年的短视频运营实战经验进行总结整理之后，帮助有需要的读者提升新媒体短视频营销技能。

一、短视频运营策划

短视频运营策划是短视频营销的基础，它主要包括定位优化、内容创作、数据分析、营销推广和商业变现5大内容。

（1）定位优化：短视频运营者可根据自身和团队的特点，从用户需求、自身专长、内容类型和品牌特色等角度进行定位。当然，运营者还可以先了解用户画像，对自己进行全面分析，从而策划最优的定位方案。

（2）内容创作：运营者在创作短视频之前，应对短视频平台的热门推荐机制进行了解，掌握拍摄短视频所需的内容、题材、创意、热点，让自己的短视频有剧情转折。

（3）数据分析：数据对于运营者来说是至关重要的，它可以从一个相对客观的角度反映运营者的账号水平、运营能力及视频质量。简而言之，短视频运营者可以从热门视频优势、推荐量、播放量、收藏量、点赞量、互动量、访问量及粉丝数据来评估自己的账号和视频。

（4）营销推广：运营者可以从账号营销、活动营销、事件营销、口碑营销、借力营销、品牌营销及跨界营销等宣传自己的品牌和产品，让自己的营销立体化和综合化。

（5）商业变现：商业变现方法千千万，只有适合自己的方法才是最好的变现方法。在这部分，笔者罗列了以下几种变现手段：广告变现、电商变现、场景变现、内容变现、产品变现和流量变现。

二、短视频粉丝引流

引流是短视频运营不可缺少的过程，本书主要以快手和抖音两大国民级短视频平台作为分析对象。当然，运营者融会贯通之后，可以将这些引流手段运用到其他短视频平台。

（1）快手引流：快手平台的主要引流手段有原创视频引流、视频封面引流、作品推广引流、话题标签引流、直播引流、矩阵互推引流、内容造势引流及其他渠道引流等。

（2）抖音引流：抖音引流与快手引流本质是一样的，但是二者平台特性不同，具体的引流方案也有差异。

（3）私域引流：私域引流可以增加粉丝黏性，提高老客户的回购率，其主要手段有建立大咖群、电商引流、活动推广及场景互动等。

三、短视频视觉营销

随着短视频的不断发展，不仅内容质量关系着播放量等数据，连短视频的外在形式也不可忽视。

（1）视觉设计：视觉设计主要包括10方面的内容，分别是名字、头像、简介、封面、标签、口号、活体、色彩、字体及视觉元素。

（2）视觉认知：主要介绍何为视觉营销、视觉营销过程和视觉营销专业知识等，让读者充分了解视觉营销的重要性。

（3）封面设计：用户在进入短视频之前，印象最深的应该是短视频封面，运营者可以从搜集素材、分层处理及合理构图等角度，将设计美感与品牌理念在封面中完整体现出来。

（4）文案设计：文案设计主要有主题文案、热门文案、读心文案、卖点文案、产品文案、促销文案、品牌文案、活动文案和福利文案等。

本书由王瑞麟编著，参与编写的人员还有严不语等人，在此表示感谢。由于作者知识水平有限，书中难免有错误和疏漏之处，恳请广大读者批评、指正，微信：2633228153。

目 录

第 1 章 账号定位：7 个技巧做好运前定位优化

- 001 账号打上标签，让更多人喜欢 ·················· 2
- 002 风格有辨识度，打造人格化 IP ·················· 3
- 003 精准账号定位，找到清晰方向 ·················· 4
- 004 垂直领域细分，更易脱颖而出 ·················· 12
- 005 了解用户画像，分析具体特征 ·················· 18
- 006 视频内容定位，选取适宜素材 ·················· 21
- 007 账号运营技巧，提升推荐权重 ·················· 23

第 2 章 内容创作：8 个技巧打造热门爆款视频

- 008 了解推荐算法，频出爆款带你火 ·················· 28
- 009 确定剧本方向，有高低落差转折 ·················· 28
- 010 5 大基本要求，上热门必须了解 ·················· 29
- 011 6 大热门内容，短视频涨粉必备 ·················· 33
- 012 6 大拍摄题材，火爆的内容形式 ·················· 39
- 013 模仿爆款内容，剖析爆款的秘密 ·················· 46
- 014 创意视频内容，抓住热点更易火 ·················· 46
- 015 带货视频内容，能卖货的短视频 ·················· 49

第 3 章 数据分析：8 个技巧获取精准人群标签

- 016 分析热门视频，总结亮点优势 ·················· 54
- 017 短视频推荐量，推荐用户阅读 ·················· 54
- 018 短视频播放量，用户观看次数 ·················· 55
- 019 收藏转发数据，体现内容价值 ·················· 56
- 020 短视频互动量，用户评论次数 ·················· 57
- 021 短视频访问量，了解品牌信息 ·················· 58

| 022 | 深度分析粉丝，重新找准定位 | 62 |
| 023 | 挖掘购买能力，分析新增粉丝 | 65 |

第 4 章　营销推广：8 大策略让你的作品火起来

024	营销之前，先做充足准备	72
025	账号产品，全部推销到位	72
026	活动营销与事件营销	74
027	口碑营销与用户营销	76
028	借力营销与品牌营销	79
029	跨界营销，增加产品覆盖面	81
030	3 大方式，玩转企业品牌	82
031	营销必学！4 种内容形式	83

第 5 章　商业变现：7 种方式彻底掌握赚钱秘诀

032	植入广告变现，5 大类型分析	88
033	通过电商变现，用买卖赚收益	93
034	通过直播变现，主要方式分析	98
035	通过场景变现，开启多元带货	101
036	通过内容变现，产品快速脱销	103
037	通过产品变现，刺激购买欲望	105
038	通过流量变现，引诱粉丝买账	107

第 6 章　快手引流：9 个技巧实现粉丝流量暴涨

039	原创视频引流，对用户的吸引力要更大	110
040	视频封面引流，让观众看了封面就想点	111
041	作品推广引流，付费引流更快实现目标	112
042	话题标签引流，获得更多平台曝光机会	113
043	快手直播引流，短期内获取大量的流量	116
044	矩阵加互推，成倍快速增加粉丝流量	117
045	内容造势引流，让更多粉丝及时认识你	119
046	扩大影响力，将粉丝变成你的推销员	119
047	利用其他平台，积极拓展引流渠道	121

第 7 章　抖音引流：11 个技巧打造百万粉丝大号

- 048　抖音引流，掌握实用技巧 ………………………………………… 130
- 049　抖音广告引流，立即获得高曝光 ………………………………… 132
- 050　视频引流，获得更多流量推荐 …………………………………… 134
- 051　评论区引流，通过评论和留言来吸粉 …………………………… 136
- 052　抖音矩阵引流，打造稳定的粉丝流量池 ………………………… 137
- 053　私信消息引流，增加作品每一刻的曝光 ………………………… 137
- 054　抖音直播引流，攫取更多直播间流量红利 ……………………… 138
- 055　SEO 引流，提高自己的曝光率 …………………………………… 143
- 056　多闪 APP 引流，头条系的社交涨粉新工具 …………………… 145
- 057　跨平台引流，获得更多专属的流量资源 ………………………… 146
- 058　线下引流，认领 POI 地址为实体店引流 ………………………… 147

第 8 章　私域导流：10 个技巧将粉丝导入流量池

- 059　放长线钓大鱼，组建起粉丝群 …………………………………… 150
- 060　快速获取流量，两大基本方式 …………………………………… 152
- 061　电商引流技巧，投放视频引流 …………………………………… 153
- 062　拓展多样化渠道，打造私域流量池 ……………………………… 157
- 063　通过活动推广，进行有效互动 …………………………………… 158
- 064　利用场景互动，增强用户体验 …………………………………… 160
- 065　打造封闭市场，不断复用存量用户 ……………………………… 161
- 066　搭建私域流量池，加强用户黏性 ………………………………… 163
- 067　通过裂变，实现用户爆发式增长 ………………………………… 164
- 068　利用微信，多做"回头客"生意 ………………………………… 165

第 9 章　视觉设计：10 个视觉元素打造个人 IP

- 069　名字：简单易记，锁定第一利益敏感词 ………………………… 170
- 070　头像：无形资产，深深印在用户心中 …………………………… 170
- 071　简介：简单易懂，加入最佳服务信息 …………………………… 173
- 072　封面：展示特质，抓住用户取向和喜好 ………………………… 174
- 073　标签：重要符号，小心引导账号推广 …………………………… 176
- 074　口号：账号代言，加深用户的记忆点 …………………………… 177

075	活体：充当形象，代表品牌的人或物	178
076	色彩：风格独特，选择惯用的主色调	179
077	字体：个性鲜明，增减用户的辨识度	180
078	元素：视觉信息，抢占用户第一印象	181

第 10 章　视觉营销：6 个技巧让信息高效传达

079	解析：何为视觉营销？有何意义？	186
080	了解：消费者的购物流程	188
081	剖析：创造什么样的视觉内容？	190
082	创造：有价值、易消化的视觉内容	191
083	展现：使用图形与可视化工具	192
084	利用：视觉相关专业知识	194

第 11 章　封面设计：6 种方法让观众眼前一亮

085	选择素材：成就亮眼视觉的基础	204
086	优质好图：掌握 3 大封面基本特征	210
087	分层处理：信息展示做到主次分明	211
088	品牌宣传：让观众看过后记忆犹新	213
089	质感体现：影响到观众的心理感受	213
090	合理构图：全面展示，突出多样性	215

第 12 章　文案设计：9 个技巧实现文案视觉化

091	主题文案：向用户表露自己的意图	222
092	热门文案：借势流量，成为获利幸运儿	223
093	读心文案：写文案必须针对用户需求	226
094	卖点文案：用产品卖点来吸引消费者	228
095	产品文案：抓对营销卖点，助力突围	230
096	促销文案：有冲击力，体现出紧迫感	232
097	品牌文案：更加清晰地展示品牌形象	234
098	活动文案：善用一句话表达核心内容	236
099	福利文案：直接呈现，提高点击动力	237

第 1 章

账号定位：
7 个技巧做好运前定位优化

不是每个人都是"大 V"，但不想成为"大 V"的运营者不是好的运营者。虽然大部分视频都只有 1 分钟，但很多时候都不是简单的 1 分钟，而是短视频运营者精准定位、权衡垂直领域、分析用户画像、选取合适素材和提升账号权重之后努力的结果。

TIPS 001 账号打上标签，让更多人喜欢

标签指的是短视频平台给用户的账号进行分类的指标依据，平台会根据用户发布的短视频内容，来给用户打上对应的标签，然后将运营者的短视频推荐给对这类标签作品感兴趣的用户。在这种千人千面的流量机制下，不仅提升了运营者的积极性，也增强了受众的用户体验。

例如，某个平台上有100个用户，其中有50个人都对美食感兴趣，还有50个人不喜欢美食类的短视频。此时，如果你刚好是拍美食短视频的账号，却没有做好账号定位，平台没有给你的账号打上"美食"这个标签，此时系统会随机将你的短视频推荐给平台上的所有人。这种情况下，你的短视频作品被用户点赞和关注的概率就只有50%，而且由于点赞率过低，会被系统认为内容不够优质，系统将不再给你推荐流量。

相反，如果你的账号被平台打上了"美食"的标签，此时系统不再随机推荐流量，而是将短视频精准推荐给喜欢看美食内容的那50个人。这样，你的短视频获得的点赞和关注就会非常高，从而获得系统给予更多的推荐流量，让更多人看到你的作品，并让他们喜欢上你的内容。因此，对于短视频运营者来说，账号定位非常重要，下面笔者总结了一些短视频账号定位的相关技巧，如图1-1所示。

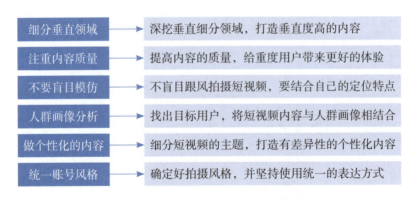

图1-1 短视频账号定位的相关技巧

▶ 专家提醒

以抖音短视频平台为例，某些专业人士分析得出一个结论，即某个短视频作品连续获得系统的8次推荐后，该作品就会获得一个新的标签，从而得到更加长久的流量扶持。

只有做好短视频的账号定位,我们才能在观众心中形成某种特定的印象。例如"××六点半",大家都知道这是一个搞笑的脱口秀喜剧类账号;而提到"一条小团团OvO",喜欢看游戏直播的人就肯定不陌生了。

风格有辨识度,打造人格化IP

从字面意思来看,IP的全称为Intellectual Property,其大意为"知识产权",百度百科的解释为"权利人对其智力劳动所创作的成果和经营活动中的标记、信誉所依法享有的专有权利"。

如今,IP常常用来指代那些有人气的东西,它可以是现实人物、书籍动漫、影视作品、虚拟人物、游戏、景点、综艺节目、艺术品、体育等,可以用来指代一切火爆的元素。图1-2所示为IP的主要特点。

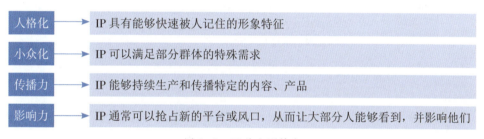

图1-2 IP的主要特点

在短视频领域,个人IP就是基于账号定位来形成的,而超级IP不仅有明确的账号定位,而且还能够跨界发展。下面笔者总结了一些抖音达人的IP特点,如表1-1所示。用户可以从中发现他们的风格特点,从而更好地规划自己的短视频风格,确立合理的内容定位。

表1-1 某有机辣酱与传统辣酱的比较

抖音账号	粉丝数量	IP内容特点
××小和尚	4557.4万	"××小和尚"人设善良活泼,聪明可爱,而他的师傅"慧远老和尚"则温暖慈祥,大智若愚,他们两人上演了很多有趣温情的小故事
❤会说话的×××❤	4437.0万	"❤会说话的×××❤"是一只搞怪卖萌的折耳猫,而搭档"瓜子"则是一只英国短毛猫,账号主人为其配上幽默诙谐的语言对话,加上两只小猫有趣搞笑的肢体动作,备受粉丝的喜爱
××和××姐	3370.0万	"××和××姐"因为一句"好嗨哦"的背景音乐而广为人知,其短视频风格有趣,不仅让人捧腹大笑,而且还可以让心情瞬间好起来

通过分析上面这些抖音达人，我们可以看到，他们每个人身上都有非常明显的个人标签，这些就是他们的 IP 特点，能够让内容风格更加明确和统一，让他们的人物形象深深印在粉丝的脑海中。

对于普通人来说，在这个新媒体时代，要变成超级 IP 并没有想象中的那么难，关键是我们如何去做。下面笔者总结了一些打造 IP 的方法和技巧，如图 1-3 所示。

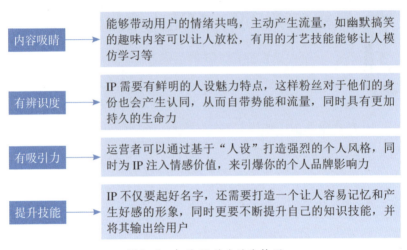

图 1-3　打造 IP 的方法和技巧

精准账号定位，找到清晰方向

TIPS 003

当下中国比较热门的短视频 APP 便是抖音和快手，而要分阵营来看待这些短视频 APP 的话，以抖音、今日头条、西瓜视频为代表的头条系无疑是最大的赢家，如图 1-4 所示。

图 1-4　短视频 APP 阵营

第1章 账号定位：7个技巧做好运前定位优化

2020年，微信团队推出视频号，至于其会不会改变短视频格局，一改腾讯"微视"的衰颓之势，还有待后续观察，如图1-5所示。

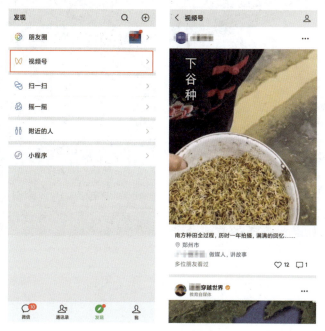

图 1-5 微信视频号

在笔者看来，短视频运营者在尝试运营抖音、快手、视频号等短视频账号时，首先需要做的就是短视频定位。何谓短视频定位？它指的是为短视频运营确定一个方向，为内容发布指明方向。那么，如何对进行定位呢？笔者认为大家可以从5个方面进行思考。

1. 根据用户需求定位

通常来说，用户需求大的内容更容易受到欢迎。因此，结合用户的需求和自身专长进行定位也是一种不错的定位方法。

大多数女性都有化妆的习惯，但又觉得自己的化妆水平还不太高。因此，这些女性通常都会对美妆类内容比较关注。在这种情况下，短视频运营者如果对美妆内容比较擅长，那么，将账号定位为美妆号就比较合适。

例如，某运营者是入驻Instagram等平台的美妆博主，再加上许多抖音用户对美妆类内容比较感兴趣。因此，她入驻抖音之后，便将账号定位为美妆类账号，并持续为用户分享美妆类内容。图1-6所示为该运营者发布的相关抖音短视频。

图1-6 美妆短视频

笔者纵观快手与抖音的接单红人类型，除了美妆之外，短视频平台用户普遍需求的内容还有很多，搞笑、舞蹈、音乐、美食等名列前茅，如图1-7所示。

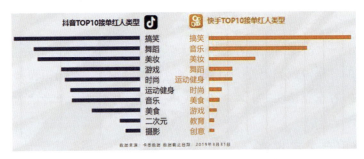

图1-7 快手与抖音的接单红人类型

许多用户，特别是比较喜欢做菜的用户，通常都会从短视频中寻找一些新菜肴的制作方法。因此，如果短视频运营者自身就是厨师，或者会做的菜肴相对比较多，或者特别喜欢制作美食，那么，运营者可以将账号定位为美食制作分享账号，这是一种很好的定位方法。

譬如，某运营者将自己的抖音号定位为美食制作分享的账号。在该账号中，会通过视频将一道道菜色从选材到制作的过程进行全面呈现，如图1-8所示。因为该视频分享的账号将制作过程进行了比较详细的展示，再加上许多菜肴都是用户想要亲手制作的，所以，其发布的视频内容很容易获得大量的播放和点赞。

图 1-8 "贫穷料理"的视频

2. 根据自身专长定位

对于自身具有专长的人群来说，根据自身专长做定位是一种最为直接和有效的定位方法。短视频运营者只需对自己或团队成员进行分析，然后选择某个或某几个专长进行账号定位即可。

为什么要选取相关特长作为自己的定位？因为如果你今天分享视频营销，明天分享社群营销，那么关注社群营销的人可能会取消关注，因为你分享的视频营销他不喜欢，反之亦然，在这两种情况下，账号"掉粉率"会比较高。运营者要记住：账号定位越精准、越垂直，粉丝越精准，变现越轻松，获得的精准流量就越多。

例如，某运营者原本就是一位拥有动人嗓音的歌手，所以她将自己的账号定位为音乐作品分享类账号。她通过该账号重点分享了自己的原创歌曲和当下的一些热门歌曲，如图 1-9 所示。

又如，某运营者擅长舞蹈，还拥有曼妙的舞姿。因此，她将自己的抖音账号定位为舞蹈作品分享类账号。在这个账号中，该运营者分享了大量舞蹈类视频，这些作品让她快速积累了大量粉丝，如图 1-10 所示。

图 1-9　歌曲类抖音短视频

图 1-10　舞蹈类抖音短视频

自身专长包含的范围很广,除了唱歌、跳舞等才艺之外,还包括其他诸多方面,就连游戏玩得出色也是自身的一种专长。

例如,斗鱼直播中的某主播,她将抖音号定位为游戏视频分享的账号,并将抖音账号也命名为同一个名字,将大量斗鱼粉丝引流到了抖音。图1-11所示为其发布的抖音短视频。

图1-11 某女主播的抖音短视频

由此不难看出,只要短视频运营者或其团队成员拥有专长,且发布的相关内容又比较受欢迎,那么,将该专长作为账号的定位,便是一种不错的定位方法。

在抖音号的运营中,如果能够明确用户群体,做好用户定位,并针对主要的用户群体进行营销,那么抖音号生产的内容将更具有针对性,从而对主要用户群体产生更强的吸引力。

3. 根据用户数据定位

在做用户定位时,抖音运营者可以从性别、年龄、地域分布和星座分布等方面分析目标用户,了解抖音的用户画像和人气特征,并在此基础上更好地做出针对性的运营策略和精准营销。

在了解用户画像情况时,我们可以适当借助一些分析软件。例如,可以通过如下步骤,在飞瓜数据微信小程序中进行了解。

步骤 01 在微信的"发现"界面中搜索并进入飞瓜数据小程序首页界面,在首页界面的搜索栏中输入抖音号名字,如图1-12所示。这里以抖音号某抖音号为例,进行详细说明。

步骤 02 操作完成后,进入搜索结果界面。在该界面中选择对应的抖音号,如图1-13所示。

图1-12 飞瓜数据小程序首页

图1-13 选择对应的抖音号

步骤 03 操作完成后,即可进入"飞瓜数据-播主详情"界面,了解该抖音号的相关情况,如图1-14所示。

步骤 04 抖音运营者向上滑动页面,即可在"粉丝画像"板块中看到"性别年龄分布"情况,如图1-15所示。

除了性别年龄分布之外,还可点击查看地域分布和星座分布的相关情况,具体

图1-14 飞瓜数据小程序首页

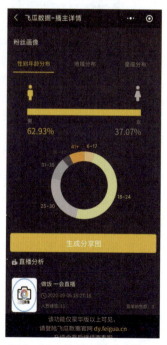

图1-15 性别年龄分布情况

如图 1-16 与图 1-17 所示。

图 1-16　地域分布情况

图 1-17　星座分布情况

4. 根据内容类型定位

抖音内容定位就是确定账号的内容方向，并据此进行内容的生产。通常来说，抖音运营者在做内容定位时，只需结合账号定位确定需要发布的内容即可。例如，抖音号"手机摄影构图大全"的账号定位是做一个手机摄影构图类账号，所以，该账号发布的内容以手机摄影构图视频为主。

抖音运营者确定了账号的内容方向之后，便可以根据该方向进行内容的生产了。当然，在抖音运营的过程中，内容生产也是有技巧的。具体来说，抖音运营者在生产内容时，可以运用图 1-8 所示的技巧，轻松打造持续性的优质内容。

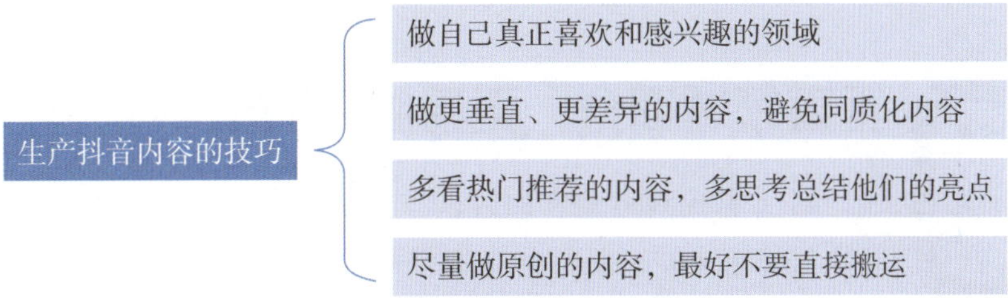

生产抖音内容的技巧 {
- 做自己真正喜欢和感兴趣的领域
- 做更垂直、更差异的内容，避免同质化内容
- 多看热门推荐的内容，多思考总结他们的亮点
- 尽量做原创的内容，最好不要直接搬运
}

图 1-18　生产抖音内容的技巧

5. 根据品牌特色定位

许多企业和品牌在长期的发展过程中可能已经形成了自身的特色,此时,如果根据这些特色进行定位,通常会比较容易获得用户的认同。

根据品牌特色做定位又可以细分为两种方法。一是以能够代表企业的卡通形象做账号定位,二是以企业或品牌的业务范围做账号定位。

某零食品牌就是一个以代表企业的卡通形象做账号定位的快手号。这个快手号会经常分享一些视频,而视频中则会将松鼠的卡通形象作为主角打造内容,如图1-19所示。

图1-19 "三只松鼠"的快手短视频

熟悉该零食品牌的人群,都知道这个品牌的卡通形象和Logo是短视频中的松鼠。因此,该快手号的短视频便具有了自身的品牌特色,而且这种通过卡通形象进行的表达更容易被人记住。

垂直领域细分,更易脱颖而出

对于短视频运营者而言,不管是个人账号、机构账号,还是企业号,首先自己的账号是原创账号——运营者自己策划、拍摄、制作视频,不直接搬运短视频。准确来说,账号定位直接决定了涨粉速度、变现方式、赚钱多少、赚钱的难度及引流的效果，同时也决定了内容布局和账号布局。

1. 深度分析竞品

竞品主要是指竞争产品，竞品分析就是对竞争对手的产品进行比较分析。在做抖音的账号定位时，竞品分析非常重要。如果该领域的竞争非常激烈，除非你有非常明确的优势，能够超越竞争对手，否则不建议进入。竞品分析可以从主观和客观两方面同时进行，如图1-20所示。

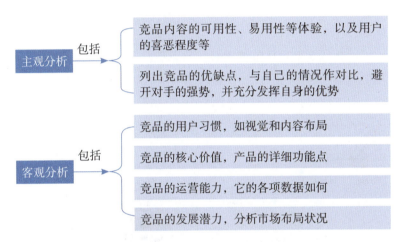

图1-20 从主观和客观两方面分析竞品

竞品分析可以帮助用户更好地找到内容的切入点，而不是竞争对手做什么内容，自己就跟着做什么内容，这样做最终会走向严重同质化内容的误区。

所以，运营者一定要多观察同领域的热门账号，及时了解对手的数据和内容，这件事需要用户持之以恒地去做，从而有效提升自己账号的竞争优势。即使运营者不能击败自己的竞争对手，也一定要向他学习，这将帮助运营者更有效地做好自己的抖音定位和运营优化。

▶ 专家提醒

运营者在做竞品分析时，同时要做出一份相应的竞品分析报告，内容包括体验环境、市场状况、行业分析、需求分析、确定竞品、竞品对比（多种分析方法）、商业模式异同、业务/产品模式异同、运营和推广策略，以及结论等。

2. 内容深度垂直

运营者做好账号定位好之后，接下来就是做深度垂直内容了。直白一点说，就是该账号运营者只更新对应前领域的内容,其他领域的内容不要用这个抖音号分享。

有句话说:"你的定位决定了你的目标人群。"所以,运营者的账号定位,直接决定了他需要更什么类型的短视频内容,也决定了该账号的运营方向,以及运营者最终以哪种方式变现。

例如,一款叫"懒饭美食"的菜谱大全APP注册了一个抖音号,从这个APP顾名思义,就能得出该账号是教懒人做饭的。现在很多年轻人都觉得做饭很麻烦,而该运营者就出了一系列简单的做饭教程,并且深受广大做饭人士和美食爱好者的喜爱。

同时,该运营者在变现环节依靠抖音的商品橱窗功能,来出售与做饭和美食相关的各种工具和各种美食,用户可以在抖音上选择商品,直接跳转到淘宝店铺购买,从而实现内容变现,如图 1-21 所示。

图 1-21　抖音商品橱窗

深度内容是账号定位最为关键的一部分,甚至还关系到账号的后期发展。同时,运营者需要注意的是,打造优质原创视频的主要原因有两个,分别是垂直定位和深度内容。短视频运营者做好定位后,说明账号运营方向已经基本确定,不会再深感迷茫无助。当然,运营者还可以根据自己行业、领域为抖音号进行辅助定位,找到属于自己的深度内容。

3. 紧跟用户喜好

短视频运营方向的指引者是账号定位，运营的具体细节是深度内容，但是运营者光做到此二者还不够，必须做到让用户喜欢才行。笔者认为，在短视频平台火的内容，需要具备以下两个条件：

（1）符合短视频平台规则的原创内容。

（2）短视频内容受到用户的喜欢，能让他们产生具有参与感、"吐槽感"和互动感。一般来说，用户不喜欢的内容，基本上比较难火。比如，好玩、有趣和实用的素材等都适合拍摄热门短视频。

如果运营者分享的是一些技能或教学技巧，一定要简单、实用，不能太复杂，越简单传播越广。另外，这个方法或者经验最好首次分享，这样更容易火起来，几十万或上百万播放量都很轻松，多的可能有千万播放量，甚至亿级播放量都很容易突破。

如图1-22所示，"××科技"在抖音上发布了一些关于剪纸的小技巧，剪出来的小玩意在生活中好看又实用，其点赞量高达几十万，甚至上百万。

图1-22 "XX科技"发布的短视频

因此，用户一定要多看热门视频，不要仅靠自己想，光想没用。在短视频平台上，几十万粉丝的账号非常多，千万级别播放量的视频也很常见。

4. 将 IP 人格化

被市场验证过的 IP 能与用户建立密切联系和深厚的信用度，并且能实现情感层面的深层次交流，让用户感受到他是在跟一个人交流，能得到回应。

1）如何设计人格化的 IP？

中国从 20 世纪 50 年代物资匮乏，到现在琳琅满目让人眼花缭乱的商品供应过剩，基本的使用需求已被过度满足，用户有极大的自主选择权。除此之外，他们还想要跟提供方对话，实现社交上的满足感。因此，短视频运营者要站在用户的角度，给短视频赋予温度，包装品牌，使得它拥有一个人格化的外壳。

这个人格化的外壳，需要借助下面这 4 个维度来进行系统的设计。

· 语言风格：你来自哪里？如你有没有明显的地方口音，以及你的声调、音色等。

· 肢体语言：你的眼神、表情、手势、动作是怎样的？有没有自己的性格，是开放的，还是拘谨的；是安静的，还是丰富的？

· 标志性动作：有没有频繁出现、辨识度高的动作？这一条大部分需要后期刻意进行策划。

· 人设名字：名字越朗朗上口越好，方便别人记住你，最好融入一些本人的情绪、性格、爱好等特色。

这些都是聚焦外在认知符号的外壳设计，想要深入人心，就必须借鉴一个人内在价值观的展现。接下来，详细讲解为什么需要设计人格化的 IP。

2）为什么需要设计人格化的 IP？

不管是口头语言、肢体语言，还是人设与外在世界的互动方式，背后都有不同的价值观在支撑，例如，人的性格、价值观和阶层属性（善良、真诚、勇敢、坚韧、奋斗、包容、豁达、匠心、个性、追求极致、上等人和俗人）等。

这些都能引起人内心深处的精神共鸣，因为人在万丈红尘中所追求的，无非就是人格及精神层面上的认同。

最典型的是抖音上的"牛肉哥"，他的口头禅是"找到源头，把×××的价格给我打下来"，将自己塑造成了一个诙谐幽默、意志坚定的带货达人。

不仅短视频作品如此，但凡文化商品，都具有这样的特质，例如，故宫衍生品迎合了人们对传统文化的精神认同感；又如，哈利·波特满足了人们对异想空间的向往；再如，网络上有口皆碑的黄渤，对他的推崇折射出人们对和谐人际关系的向往。

在策划人格化 IP 符号之前，要将内在层面的东西确立下来，然后在实际运营的过程中，不断反馈调整。人们都期待一个理想化的自我，其实在对短视频平台上各类 IP 的关注和喜爱中，用户往往不知不觉地完成了"理想化自我"的塑造过程。这一点，是需要大家花时间深入理解的。

3）设计人格化的 IP 的过程

真正的 IP 意味着：有可识别的品牌化形象、黏性高又成规模的粉丝基础、长时间深层次的情感渗透、可持续可变现的衍生基础。短视频塑造优质 IP，需要做好打持久战的准备。因为任何事物品牌化都需要一个过程，下面笔者举一个案例来说明。

抖音有一个搞笑达人号叫"××李逵"，这个账号拥有 700 多万粉丝。"××李逵"是贝壳视频下的一个头部账号，他们把这个 IP 的打造分为了 3 个阶段，分别是塑造期、成型期和深入期，每一个阶段都制定了不同的内容输出方案。

在塑造期，作品中重点体现的就是李逵的人设和性格特征，所有的内容都会围绕着人设来进行打造。经过一段时间的试验，发现粉丝反馈最多的人设标签前三就是"戏精""搞笑"和"蠢萌"。接下来，他们就通过不同的内容来放大这 3 个标签，以此来辐射更多的观看人群。经过测试，最终确定一个独有的标签作为"××李逵"的主要人设特征。

4）阶段不同，IP 风格化体系也不同

前文用了"××李逵"的例子来说明抖音 IP 形成的一个阶段性，在不同的阶段，需要我们策划的作品内容体系也是不同的。对于抖音账号策划及运营人员来说，有的可以完整地参与一个账号的启动和成长，有的就需要对已成型的账号进行重新规划，这两者的工作内容是完全不同的。维护和经营一个 IP，按照前期、中期和后期的阶段划分，在内容上有不同的侧重。

在前期，短视频运营者的首要任务就是策划出奇制胜的内容，让更多的用户知道这个账号，看到这个内容。一句话就是吸引目标用户的注意。

在中期，短视频运营者就要不断对已有的内容体系进行扩容，同时慢慢展现多样化的内容标签，催生账号的成长升级。

在后期，一旦账号步入成熟期，就会遇到瓶颈，这时就要考虑迭代的问题。IP 的迭代升级是一个巨大的、有难度的工程，因为有人设定位和粉丝积淀，重新打造 IP 的试错成本会变得很高，那么在这一阶段，账号与账号之间的合作，就会起到比较好的作用，同时还要进行文化资源上的整合。通常在这一阶段，许多

IP都会考虑出圈，做影视、做综艺及从事其他文化形态的工作，通过跨界以便于IP生命力的持续发展。

了解用户画像，分析具体特征

在目标用户群体定位方面，抖音是由上至下地渗透，快手主要是草根群体，给底层群众提供发声的渠道。抖音在刚开始推出时，市场上已经有很多同类短视频产品，为了避开与他们的竞争，抖音选择在用户群体定位上做了一定的差异化策划，选择了同类产品还没有覆盖的那些群体。

虽然同为短视频应用，快手和抖音的定位完全不一样。抖音的红火靠的就是马太效应——强者恒强，弱者愈弱。就是说在抖音上，本身流量就大的网红和明星可以通过官方支持获得更多的流量和曝光，而对于普通用户而言，获得推荐和上热门的机会就少得多。

快手的创始人曾表示："我就想做一个普通人都能平等记录的好产品。"这就是快手的核心逻辑。抖音靠的是流量为王，快手是即使损失一部分流量，也要让用户获得平等推荐的机会。

本节主要从年龄、性别、地域分布、职业和消费能力5个方面分析抖音和快手的用户定位，帮助运营者更好地做出针对性的运营策略和精准营销。

1. 年龄占比不同

抖音平台上80%的用户在28岁以下，其中20～28岁用户比例最高，也就是"90后"和"00后"为主力人群，整体呈现年轻化趋势。这些人更加愿意尝试新的产品，这也是"90后"和"00后"普遍的行为方式。

图1-23所示为艾瑞指数发布的抖音的相关数据，我们在使用人群年龄上进行了深度对比，可以看到抖音平台的用户24岁以下和24~30岁的各占了21%和24.2%，人群年龄占比偏向年轻化。

图1-23　抖音使用人群年龄结构数据
（数据来源：艾瑞指数）

图 1-24 所示为艾瑞指数发布的快手的相关数据，与抖音数据对比，我们可以发现，快手平台的用户 24 岁以下和 25～30 岁的各占了 47.84% 和 30.35%，人群年龄占比，更偏向年轻化。

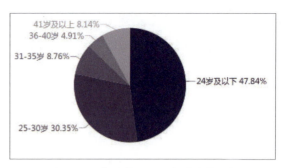

图 1-24　快手使用人群年龄结构数据
（数据来源：艾瑞指数）

▶ **专家提醒**

需要注意的是，本书借助了多个互联网数据平台的统计报告，对快手和抖音用户进行分析，各个平台之间的数据会有所差异，但整体趋势差别不大，仅供参考。

2. 用户数量不同

一直以来，快手的月活跃用户数都在稳步增长。2017 年初，快手月活跃用户突破两亿，为行内第一。而且截至 2018 年初，快手短视频月活跃用户遥遥领先，其他短视频软件难以望其项背，如图 1-25 所示。

可以肯定的是，衡量一款产品用户黏性的重要指标，其中 DAU（日活跃用户）/MAU（月活跃用户）是不可或缺的，在沉浸度相对较高的游戏行业，这一比值通常可达到 0.3~0.6。

截至 2018 年初，快手和抖音的 DAU/MAU 均已达到 0.45，即两者的月活用户中，平均每人每月有 13.5 天（30 天 ×0.45）会使用快手和抖音，这是很可观的用户黏性表现了。图 1-26 所示为快手和抖音 DAU/MAU 对比。

2018 年年中，抖音用户量一举超越快手，成为中国第一大短视频平台。

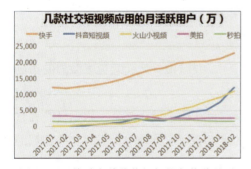

图 1-25　快手和其他热门短视频软件月活跃用户对比（数据来源：企鹅智酷）

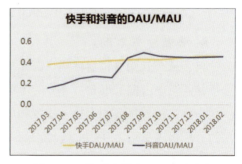

图 1-26　快手和抖音 DAU/MAU 对比（数据来源：企鹅智酷）

2019年，抖音用户日活量全面超过快手，如图1-27所示。到2020年春节前，快手日活量为3亿，而后来居上的抖音以4亿的日活量远远超过了快手。

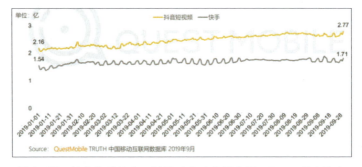

图1-27　抖音快手用户日活量对比（数据来源：Quest Mobile）

3. 性别比例不同

从互联网大数据可以得知，抖音用户的男女比例约为3∶7，也就是女性比男性多一半左右。首先，女性居多直接导致的结果就是消费力比较高，因为大部分的钱都是女性花的；而男性占比较少，相对的消费力也不强。

另外，根据鸟哥笔记的报告显示，抖音中女性用户的占比也达到66%，显著高于男性；而快手的比例和抖音不一样，在艾瑞指数发布的快手的相关数据中，其用户中男性比例高达59.17%，显著高于女性，如图1-28所示。

 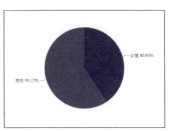

图1-28　抖音与快手平台的用户性别比率（数据来源网络）

4. 地域分布不同

抖音从一开始就将目标用户群体指向一、二线城市，从而避免了激烈的市场竞争，同时也占据了很大一部分的市场份额。

当然，随着抖音的火热，短视频用户目前也在向小城市蔓延。根据极光大数据的分析报告显示，一、二线城市的人群占比加起来超过60%，而且这些地域的用户消费能力也比较强，如图1-29所示。

快手本身就是起源于草根群体，其三线及三线以下的用户数量比例高达69%

以上，如图 1-30 所示。

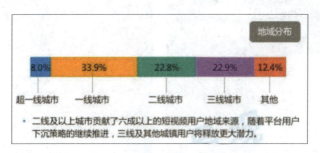

图 1-29　抖音平台的用户地域分布情况（数据来源：易观智库）

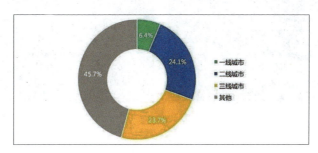

图 1-30　快手平台的用户地域分布情况（数据来源：极光大数据）

视频内容定位，选取适宜素材

短视频运营者首先需要找准定位，然后找准视频输出的形式，可以直接解说经典电影，也可以从百度、微博等不同平台来收集和整理内容。

1. 经典电影片段

自从电影诞生以来，出现了众多的经典影片，其中必然有你喜欢的，你在看到影片中的某一片段时，还会有自身的一些感悟和观点。这些自身的感悟和观点，都可以作为短视频素材，把它们录制下来，再加上经典影片片段，就很容易打造一个受人喜欢的原创短视频。图 1-31 所示为抖音上分享或推荐电影的短视频账号。

要注意的是，对运营者来说，经典片段选择是非常重要的，首先就需要选择自己喜欢的影片，这样才能有比较深刻的理解和独到的观点，也只有这样才不负经典影片，不负原创之名。

图1-31 抖音上分享或推荐电影的短视频账号

2. 百度搜索资源

百度平台的功能比较全面，资源也非常丰富，包括百度新闻、百度百科、百度贴吧、百度文库、百度问答等，这些都是抖音运营者收集资源的有效渠道。

（1）百度新闻——新闻资讯：该平台拥有海量的新闻资讯，真实反映每时每刻的新闻热点，用户可以搜索新闻事件、热点话题、人物动态及产品资讯等内容，同时还可以快速了解它们的最新进展。

（2）百度百科——百科知识：百度百科是一部内容开放、自由的网络百科全书，内容几乎涵盖了所有领域的知识。

（3）百度贴吧——兴趣主题：百度贴吧是以兴趣主题聚合志同道合者的互动平台，主题涵盖了娱乐、游戏、小说、地区和生活等各方面的内容。

（4）百度文库——在线文档：百度文库是一个供用户在线分享文档的平台，包括教学资料、考试题库、专业资料、公文写作及生活商务等多个领域的资料。

（5）百度问答——知识问答：百度知道是一个基于搜索的互动式知识问答分享平台，运营者也可以进一步检索和利用这些问题的答案，来打造更多的优质内容。

3. 浏览新浪微博

首先可以在微博上寻找热门话题，进入微博主页后，可以在左侧的导航栏中选择"热门"标签，查看当下的热门事件，如图1-32所示。

第 1 章 账号定位：7 个技巧做好运前定位优化

图 1-32 微博"热门"页面

另外，也可以查看右侧的"微博热门话题"和"微博实时热点"，找到更多的时事热点新闻，如图 1-33 所示。

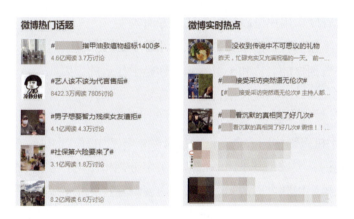

图 1-33 "微博热门话题"和"微博实时热点"

账号运营技巧，提升推荐权重

有了短视频内容后，运营者还需要掌握一定的运营技巧，让自己拍摄的短视频能够被更多用户看到。笔者重点挑选了 4 个可以帮助大家提升账号推荐权重的维度，分别为垂直度、活跃度、健康度和互动度。

1. 垂直度

什么叫垂直度？通俗来说，就是用户拍摄的短视频内容，符合自己的目标群体定位，这就是垂直度。例如，运营者是一个化妆品商家，想要吸引对化妆感兴趣的女性人群，此时就拍摄了大量的短视频化妆教程，这样的内容垂直度就比较高。

目前，抖音和快手都是采用推荐算法的短视频平台，会根据用户的账号标签来给其推荐精准的流量。例如，运营者发布了一个旅游类的短视频，平台在推荐这个短视频后，很多用户都给他的短视频点赞和评论。对于这些有大量互动的观众，此时平台就会将运营者的内容打上旅游类的标签，同时将短视频推送给更多旅游爱好者观看。但是，如果运营者之后再发布一个搞笑类的短视频，则由于内容垂直度很低，与推荐的流量属性匹配不上，自然点赞和评论数量也会非常低。

推荐算法的机制就是用标签来精准匹配内容和流量，这样每个观众都能看到自己喜欢的内容，每个创作者都能得到粉丝的关注，平台才能长久的活跃。要想提升账号的垂直度，用户可以从以下几个方面入手。

（1）塑造形象标签。形象标签可以从账号名称、头像、封面背景等方面下功夫，让大家一看到你的名称和头像就知道你是干什么的。因此，运营者在设置这些基本账号选项时，一定要根据自己的内容定位来选择，这样才能吸引到更多精准的流量。

例如，"手机摄影构图大全"这个抖音号，名字中有"手机摄影"和"构图"等明确的关键词，头像也是采用一个基于黄金分割构图的"蒙娜丽莎"名画，发布的内容都是摄影构图方面的知识，因此内容的垂直度非常高，如图1-34所示。

（2）打造账号标签。有了明确的账号定位后，运营者可以去同领域大号的评论区引流，也可以找一些同行业的大号进行互推，增加短视频的关注和点赞量，培养账号标签，获得更多精准粉丝。

（3）打造内容标签。运营者在发布短视频时，要做到风格和内容的统一，不要随意切换领域，尤其是前面的短视频，一定要根据自己的账号标签来发布内容，让账号标签和内容标签相匹配，这样账号的垂直度就会更高。

2. 活跃度

日活跃用户是短视频平台的一个重要运营指标，每个平台都在努力提升自己的日活跃用户数据。例如，抖音平台的日活跃用户超过4亿（截至2020年1月），快手平台的日活跃用户突破3亿（2020年初）。

第 1 章 账号定位：7 个技巧做好运前定位优化

图 1-34 "手机摄影构图大全"抖音号

日活跃用户是各个平台竞争的关键要素，因此，创作者必须持续输出优质的内容，帮助平台提升日活跃用户数据，这样平台也会给这些优质创作者更多的流量扶持。例如，抖音平台为了提升用户的活跃度，还推出了"回顾我的 2019"活动，给用户分析和总结了一份专属于自己的 2019 年作品回顾，如图 1-35 所示。

图 1-35 "回顾我的 2019"数据报告

3. 健康度

健康度主要体现在观众对用户发布的短视频内容的爱好程度，其中完播率就是最能体现账号健康度的数据指标。内容的完播率越高，说明用户对短视频的满意度越高，则运营者的账号健康度也就越高。

因此，运营者需要努力打造自己的人设魅力，提升短视频内容的吸引力，保证优良的画质效果，同时还需要在内容剧本和标题文案的创意上下功夫。

4. 互动度

互动度显而易见就是指观众的点赞、评论、私信和转发等互动行为，因此，运营者要积极回复观众的留言，做好短视频的粉丝运营，培养强信任关系。图1-36所示为运营者积极回复用户的截图。

图1-36　运营者积极回复用户的截图

在短视频运营中，运营者也应该抓住粉丝对情感的需求。其实不一定非要是"人间大爱"，任何形式的、能够感动人心的细节方面的内容，都可能会触动到不同粉丝的心灵。个人IP做粉丝运营的最终目标是让用户按照自己的想法去转发短视频内容，来购买产品，给产品好评，并分享给他的朋友，把用户群体转化为最终的消费群体。

第 2 章

内容创作：
8个技巧打造热门爆款视频

有些用户在刷到有趣的视频之后会点击关注，但不会专门去看这些博主的新视频。所以，运营者的短视频只有上热门被推荐，才能被更多人看到。本章主要介绍在短视频平台上被推荐上热门的一些实用技巧，包括上热门的要求、内容题材等。

了解推荐算法，频出爆款带你火

要想成为短视频领域的超级IP，首先要想办法让自己的作品火爆起来，这是成为IP的一条捷径。如果运营者没有那种一夜爆火的好运气，则需要一步步脚踏实地地做好自己的短视频内容。当然，其中也有很多运营技巧，能够帮助运营者提升短视频的关注量，而平台的推荐机制就是不容忽视的重要环节。

以抖音平台为例，运营者发布到该平台的短视频需要经过层层审核，才能被大众看到，其背后的主要算法逻辑分为3个部分，分别为智能分发、叠加推荐、热度加权，如图2-1所示。

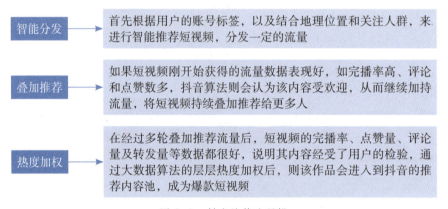

图2-1 抖音的算法逻辑

 ## 确定剧本方向，有高低落差转折

短视频平台上的大部分爆款短视频，都是经过运营者精心策划的，因此剧本策划也是成就爆款短视频的重要条件。短视频的剧本可以让剧情始终围绕主题，保证内容的方向不会产生偏差。

在策划短视频剧本时，运营者需要注意以下几个规则：

（1）选题有创意。短视频的选题尽量独特、有创意，同时要建立自己的选题库和标准的工作流程，这不仅能够提高创作的效率，而且还可以刺激观众持续观看的欲望。例如，用户可以多收集一些热点加入到选题库中，然后结合这些热点来创作短视频。

（2）剧情有落差。短视频通常需要在短短时间内将大量的信息清晰地叙述出来，因此内容通常都比较紧凑。尽管如此，用户还是要脑洞大开，在剧情上安排一些高低落差，来吸引观众的眼球。

（3）内容有价值。不管是哪种内容，都要尽量给观众带来价值，让用户值得为你付出时间成本，来看完你的视频。例如，做搞笑类的短视频，那么就需要能够给用户带来快乐；做美食类的视频，就需要让用户产生食欲，或者让他们有实践的想法。

（4）情感有对比。短视频的剧情可以源于生活，采用一些简单的拍摄手法，来展现生活中的真情实感，同时加入一些情感的对比，这种内容反而更容易打动观众，主动带动用户情绪气氛。

（5）时间有把控。运营者需要合理地安排短视频的时间节奏，以抖音为例，默认为拍摄15秒的短视频，这是因为这个时间段的短视频是最受观众喜欢的，而短于7秒的短视频不会得到系统推荐，高于30秒的短视频观众很难坚持看完。

策划剧本，就好像写一篇作文，有主题思想、开头、中间及结尾，情节的设计就是丰富剧本的组成部分，也可以看成是小说中的情节设置。一篇成功的吸引人的小说必定是少不了跌宕起伏的情节的，短视频的剧本也是一样，因此在策划时要注意3点，如图2-2所示。

图 2-2 策划短视频剧本的注意事项

5大基本要求，上热门必须了解

前段时间，笔者写了一篇短视频快速引流吸粉的文章，文章下方留言的读者数不胜数，有读者说方法实用，有读者说逻辑明了，还有读者说内容不错，但是也出现了一些不一样的声音，他们在竭力反驳笔者的观点。

笔者脑海中印象深刻的是，某读者评论道："只有自拍形式的短视频才有上热门推荐的机会，官方不允许其他形式的短视频上传。"该评论下嘘声一片，甚至有评论指责该读者为"抖音菜鸟"。

笔者认真翻阅了读者评论之后没有勃然大怒，而是在进行深刻反思，究竟还有多少运营者没有深入了解短视频及其平台？笔者沉思良久，这样的运营者应该不在少数，快手和抖音只是搭建了一个平台，但是具体内容还是靠运营者自己摸索。因此，笔者在本章将短视频平台目前播放量最火的视频做一个总结，给大家参考和提供方向，让短视频运营者少走弯路。

首先，对于上热门，短视频平台官方都会提出一些基本要求，这是大家必须知道的基本原则，本节将介绍具体的内容。

1. 个人原创内容

抖音上"××美食"这个账号经常会发关于姐弟俩在生活中发生的一些关于美食的原创搞笑视频，如图2-3所示。

图2-3 "XX美食"的原创视频

从上述案例可以知道，短视频上热门的第一个要求就是：上传的内容必须是原创短视频。在笔者接触的短视频运营者中，某些人甚至不清楚自己该拍摄什么内容。其实，短视频内容选择很简单，运营者可以从以下4个方面入手：

（1）用短视频记录生活中的趣事。

（2）学习短视频平台上的热门舞蹈，并在自己短视频中展示出来。

第 2 章　内容创作：8 个技巧打造热门爆款视频

（3）运营者可以在短视频中使用丰富的表情和肢体语言。

（4）用短视频的形式记录旅行过程中的美景或自己的感想。

另外，运营者也可以学会换位思考，站在粉丝的角度思考问题："如果我是该账号的粉丝，我希望看到什么类型的短视频？"不用说，搞笑类的短视频，用户绝对会点赞和转发。当然，用户还喜欢其他哪些类型的短视频，需要运营者做画像分析。

例如，某个用户想要买车，那么他所关注的短视频大概是汽车测评、汽车质量鉴别和汽车购买指南之类；再如，笔者某个朋友身材肥硕，一直被老婆催着减肥，他关注的一般都是减肥类账号。因此，用户关注的内容就运营者的原创内容方向。

2. 视频内容完整

一般来说，标准的短视频应该是 15 秒，当然也有超过一分钟的短视频。在如此短的时间内，运营者要保证内容完整度，相对来说是比较难的。在短视频平台上，内容完整的短视频才有机会上热门推荐，如果运营者的短视频卡在一半就强行结束了，用户是很难喜欢此类短视频的。

图 2-4 所示为某运营者在抖音发布的一个短视频。在该短视频中，当男主角揭开面具时，画面突然弹出一个"未完待续"，整个视频就此结束，严重影响了用户观看短视频的心情。

图 2-4　抖音上不完整的短视频

3. 没有产品水印

热门短视频上不能带有其他平台的水印,如抖音平台,它甚至不推荐短视频运营者使用不属于抖音的贴纸和特效。如果运营者发现自己的素材有水印,可以利用 Photoshop、一键去除水印工具等去除。图 2-5 所示为一键去水印的微信小程序。

图 2-5　一键去水印的微信小程序

4. 高质量的内容

在短视频平台上,短视频质量才是核心,即使"帅哥美女遍地走"的抖音,我们也能发现其内容远比颜值重要。只有短视频质量高,才能让用户有观看、点赞和评论的欲望,而颜值只不过是起锦上添花的作用而已。

运营者的短视频想要上热门,一是内容质量高,二是短视频清晰度也要高。短视频引流是一个漫长而又难挨的过程,运营者要心平气和、耐心地拍摄高质量的短视频,积极与粉丝互动,多学习热门的剪辑手法。笔者相信只要有足够的付出,运营者一定可以拍摄出热门短视频。

5. 积极参与活动

运营者一定要积极参与抖音官方推出的活动,一般来说参与活动的视频更有可能上热门。图 2-6 所示为抖音官方活动。

第 2 章 内容创作：8 个技巧打造热门爆款视频

图 2-6 抖音官方活动

6 大热门内容，短视频涨粉必备

TIPS 011

运营者想要通过产品进行变现，那么就需要对爆款产品时刻保持敏锐的嗅觉，及时去研究、分析和总结这些产品"爆红"的原因，切忌一味地认为成功的爆款产品都是"一时运气而已"，而要思考它们"爆红"的规律，多积累成功的经验。运营者只有站在"巨人的肩膀"上，才能看得更高更远。下面笔者总结了短视频的一些热门内容类型，供给大家作为参考。

1. 颜值即是正义

为什么把"高颜值"的帅哥美女摆在第一位呢？笔者总结这一点的原因很简单，就是以快手和抖音平台的数据作为依据的。

以抖音短视频为例，根据最新数据显示，抖音粉丝排行榜前 10 位基本都是高颜值的明星，他们的粉丝数量都是千万级别，且粉丝的黏性非常高。

由此不难看出，颜值是短视频营销的一大利器。只要运营者长得好看，即便没有过人的才华，只需唱唱歌、跳跳舞、随手拍个视频，说不定就能吸引一些粉丝。

33

这一点其实很好理解，毕竟"爱美之心，人皆有之"。而事实上，用户看短视频纯粹是打发时间，更何况视频中出镜的还是帅哥美女，这就更加令人赏心悦目了。

2. 搞笑视频段子

幽默搞笑类的短视频一直都不缺观众。许多用户抱着手机哈哈大笑，主要就是因为其中很多短视频能让人遗忘尘世烦忧，暂时得到放松。因此，那些笑点十足的短视频很容易在平台上被"引爆"。图 2-7 所示搞笑话题播放量达上千亿次。

图 2-7　幽默搞笑类的内容

3. 自身才艺双全

"才艺"指代的范围很广，主要包括唱歌、跳舞、摄影、绘画、书法、演奏、相声和脱口秀等。一般来说，如果短视频中展示的才艺独具特色，并且能够让用户赏心悦目，那么短视频很容易就能上热门。下面笔者分析和总结了一些"大 V"们不同类型的才艺内容，看看他们是如何获得成功的。

1）演唱才艺

例如，"××兄弟"组合不仅拥有较高的颜值，而且歌声非常好听，还曾在各种歌唱节目中现身，展示非凡的实力。这也让"××兄弟"从默默无闻到拥有了超过 3000 万粉丝。图 2-8 所示为"××兄弟"的抖音主页及相关短视频。

第 2 章　内容创作：8 个技巧打造热门爆款视频

图 2-8　"XX 兄弟"的抖音主页及相关短视频

2）舞蹈才艺

抖音上某运营者给许多用户留下了深刻记忆，除了她动感的舞蹈令人难忘外，那单纯美好的甜美笑容也足够"一顾倾人城"。该运营者是一名职业舞者，她拍的舞蹈视频很有青春活力，给人朝气蓬勃、活力四射的感觉，跳起舞蹈来更是让人心旌荡漾。图 2-9 所示为该运营者的抖音短视频。

她在成名前，主要活跃在短视频平台上，她和许多平凡的舞者一样，从未参加过综艺节目。后来随着她声名鹊起，便踏上了《快乐大本营》的舞台，真可谓前途不可估量。在当今时代，"一介网红"能登上电视舞台，这就是对她本身的一种肯定，对她知名度的传播也有很大的帮助。

塑造个人 IP 的方式不胜枚举，而其中一种重要方式是展示才艺。随着 IP 的成功，运营者可以吸引大量精准粉丝，为 IP 变现做好充足的准备。因此，短视频运营者如果拥有出众的才艺，可以尝试通过才艺的展示来打造个人 IP。

3）演奏才艺

对于一些学乐器的，特别是在乐器演奏上取得了一定成就的运营者来说，展示演奏才艺类的视频内容只要足够精彩，便能快速吸引大量用户的关注。如图 2-10 所示，该短视频就是通过演奏才艺来吸引用户关注的。

图 2-9　展示舞蹈才艺的抖音短视频

图 2-10　通过演奏才艺吸引关注

4. 反差创造新意

根据企鹅调研平台的《抖音/快手用户研究数据报告》显示，在抖音和快手这两个平台上最受欢迎的短视频类型都是"搞笑"类，其中抖音短视频平台上的比例高达 82.3%（多选），快手平台上的比例也达到了 69.6%（多选）。在后现代解构主义中——戏仿、恶搞或重新解读经典，这是"恶搞"字的精髓，最典型的是《大话西游》因大学生的解构，一跃成为影视经典。

当然，在抖音和快手等短视频平台上，各种恶搞和戏仿的短视频不在少数。因此，运营者要拍摄或剪辑出热门的短视频，笔者建议运营者可以灵活运用"搞笑"手法，将经典桥段进行反向改编，创造出新意。

网络上最打动笔者的一句话是，抖音网红××哥的成功意味着上天眷顾这个时代有梦想和在努力的人。××哥曾流浪10年，后来他在选秀节目上的恶搞唱法被哔哩哔哩弹幕网UP主恶搞，凭借一首《烤面筋》火遍全网。如今他的粉丝超过了660万，但他依然在坚持着自己的音乐梦想，同时依然在发布搞笑视频，如图2-11所示。

图2-11　XX哥的抖音短视频

又如抖音某运营者，他还在上大学时就常拍一些有趣的真人表情包。其中，他标志性的表情就是嘟嘟嘴，此外他还戏仿其他的抖音网红，因此吸引了许多用户的关注和转发。虽然他长相并不出众，但搞笑功力十分深厚，他能轻松将各种表情完美演绎，甚至他的表情包成为了网友的"斗图神器"。

5. 五毛钱的特效

在短视频平台上，存在很多不愿意露脸的网红，他们不是靠颜值取胜，而是靠创意来取胜。运营者的创意来源主要是靠日常的积累，比如可以多关注一些经常出爆款内容的公众号，可以从中直接拿过来当作自己的编辑素材，或者利用发散性思维添加自己的创意。那些可以引爆朋友圈的内容，在短视频平台上也能很快火爆起来。

抖音官方经常会举办有关"技术流"的挑战赛，旨在鼓励运营者创作出更高质量的短视频。另外，运营者也可以给短视频添加一些小道具，让短视频内容看起来更风格化。总之，短视频的创作有无限种可能，运营者可以利用特效或小道具，拍摄出非常抢眼的短视频。

例如，抖音平台上某个非常神秘的达人拍摄的短视频中，自己的脸部通常是一片漆黑，没有人知道他长什么样子。而且，他的视频效果非常酷炫，是抖音平台的技术流"大神"，如图2-12所示。

图2-12 "黑脸V"的视频

在他的视频里，喷雾可以让人隐身，踹一脚就能把车停好，用手机一丢就能打开任意门，还可以在可乐瓶上跳舞，他的每一条视频几乎都获得了抖音的热门推荐。

6. 旅游所见美景

短视频类型越来越丰富，其中山水美景、星空摄影和旅游风光类型的短视频不可胜数，它们大多能激起用户"说走就走"的心灵共鸣，让很多想去而去不了的人产生心理上的满足感。短视频平台也乐于推荐这类高质量的短视频，如抖音有"拍照打卡地图"功能，同时也发布了很多示范打卡地图得短视频，积极引导运营创作相关的作品。

随着抖音的火爆，很多"网红"景点顺势打造爆款IP。例如，如《西安人的歌》+摔碗酒"成就了西安旅行大IP，"穿楼而过的轻轨+8D魔幻建筑落差"

让重庆瞬间升级为超级"网红"城市,"土耳其冰淇淋"让本就红火的厦门鼓浪屿吸引了更多慕名而来的游客。"网红"经济时代的到来,城市地标不再只是琼楼玉宇,它还可以是一面墙、一座码头。

城市宣传从"抖音同款"这个功能上寻找到了新的突破口,通过一个个短视频,城市中每个具有代表性的特产、建筑和工艺品都被浓缩成可见可闻的物体,如果再配以特定的音乐、滤镜和特效,可以极大限度地呈现出超越文字和图片的感染力。图2-13所示为抖音上的"网红"景点。

 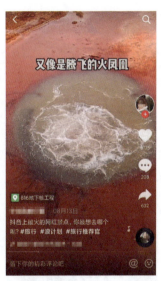

图 2-13　抖音上的网红景点

在过去,人们要描绘"云想衣裳花想容"这样的画面,只能靠繁复的文字进行描摹,但现在在抖音上发布一个汉服古装的挑战,所有人就能通过这些不超过1分钟的短视频,了解到其内涵。

6 大拍摄题材,火爆的内容形式

很多运营者在拍摄抖音、快手等短视频时,不知道该拍什么内容?不知道哪些内容容易上热门?笔者在本节给大家分享了6大爆款短视频内容形式,即便你只是一个普通人,只要你的内容戳中了"要点",也可以让你快速蹿红。

1. 搞笑类短视频

运营者打开抖音或者快手,随便刷几个短视频,就会看到其中很多是搞笑类短视频。毕竟短视频是人们在闲暇时间用来放松或消遣的娱乐方式,因此平台也非常中意这种搞笑类的短视频内容,更愿意将这些内容推送给用户,增加用户对平台的好感,同时让平台变得更为活跃。

运营者在拍摄搞笑类短视频时,可以从以下几个方面入手来创作内容。

(1)搞笑剧情。运营者可以通过自行招募演员、策划剧本,来拍摄具有搞笑风格的短视频作品。这类短视频中的人物形体和动作通常都比较夸张,同时语言幽默搞笑,感染力非常强。

(2)创意剪辑。通过截取一些搞笑的影视短片镜头画面,并配上字幕和背景音乐,制作成创意搞笑的短视频。例如,由"搞笑××君"发布的一个"憋笑挑战"系列短视频,主要通过剪辑某个电影中的搞笑画面或夸张的情节,配合动感十足的背景音乐,笑点很强,吸引了 40 多万用户点赞及 3.3 万的评论数量,甚至很多观众评论的点赞数量高达 1 万,如图 2-14 所示。

图 2-14 搞笑类短视频示例

(3)犀利吐槽。对于语言表达能力比较强的运营者来说,可以直接用真人出镜的形式,来上演脱口秀节目,吐槽一些接地气的热门话题或者各种趣事,加上非常夸张的造型、神态和表演,来给观众留下深刻印象,吸引粉丝关注。例如,抖音上很多剪辑《吐槽大会》经典片段的短视频,点赞量都能轻松达到几十万。

在抖音、快手等短视频平台上,运营者也可以自行拍摄各类原创幽默搞笑段子,变身搞笑达人,轻松获得大量粉丝的关注。当然,这些搞笑段子内容最好来源于生活,与大家的生活息息相关,或者就是发生在自己周围的事,这样会让人们产生亲切感,更容易代入短视频氛围之中,内心产生共鸣。

另外,搞笑类短视频的内容包涵面非常广,各种酸甜苦辣应有尽有,不容易让观众产生审美疲劳,这也是很多人喜欢搞笑段子的原因。

▶ 专家提醒

某些账号喜欢采用电视剧高清实景的方式来进行拍摄,通过夸张幽默的剧情内容和表演形式、不超过1分钟的时长、一两个情节及笑点来展现普通人生活中的各种"囧事"。

2. 舞蹈类短视频

除了比较简单的音乐类手势舞外,短视频平台上还存在一批专业的舞者,他们拍得都是专业的舞蹈类短视频,个人、团队、室内及室外等类型的舞蹈应有尽有,同样讲究与音乐节奏的配合。例如,比较热门的有"嘟拉舞""panama 舞""heartbeat 舞""搓澡舞""seve 舞步""BOOM 舞""98K 舞""劳尬舞"等。舞蹈类玩法需要运营者具有一定的舞蹈基础,同时比较讲究舞蹈的力量感。

拍摄舞蹈类短视频时,运营者最好使用高速快门,有条件的可以使用高速摄像机,这样能够清晰完整地记录舞者的所有动作细节,给用户带来更佳的视听体验。除了设备要求外,这种视频对于拍摄者本身的技术要求也比较高,拍摄时要跟随舞者的动作重心来不断运镜,调整画面的中心焦点,抓拍最精彩的舞蹈动作。下面笔者总结了一些拍摄舞蹈类短视频的相关技巧,如图 2-15 所示。

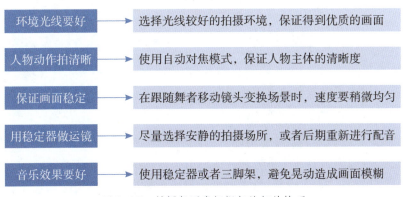

图 2-15 拍摄舞蹈类短视频的相关技巧

▶ **专家提醒**

如果运营者是用手机拍摄，则需要注意与舞者的距离不能太远。由于手机的分辨率不高，如果拍摄时距离舞者太远，则舞者在镜头中就会显得很小，而且舞者的表情动作细节也得不到充分的展现。

3. 音乐类短视频

音乐类短视频玩法大致有3种，分别是原创音乐类、歌舞类、对口型表演类短视频。

（1）原创音乐类短视频：原创音乐需要运营者有专业技能，且具备一定的创作能力，能写歌、会翻唱或会改编等，这里笔者不做深入探讨。例如，抖音平台推出了"音乐人计划"，调动丰富资源与精准算法，为音乐人提供独一无二的支持。对于有音乐创作实力的运营者来说，可以入驻成为"抖音音乐人"，发布自己的音乐作品，如图2-16所示。

图2-16 "抖音音乐人"的入驻平台和流程

（2）歌舞类短视频：歌舞类短视频更偏向情绪表演，注重情绪与歌词的配合，对于舞蹈力量感等这些专业要求不是很高，只需要有舞蹈功底即可。例如，音乐类的手势舞，如《我的将军啊》《小星星》《爱你多一点点》《体面》《我的天空》《心愿便利贴》《少林英雄》《后来的我们》《离人愁》《生僻字》《学猫叫》等，运营者只需按照歌词内容，用手势和表情将情绪传达出来即可。

（3）对口型表演类：对口型表演类短视频更难把握，因为运营者既要考虑到情绪表达的准确性又要考虑口型的吻合度。所以，在拍摄短视频时，运营者可以开启快速度模式,使背景音乐变慢,让自己可以更准确地进行对口型的表演。同时,运营者要注意表情和歌词要配合好,每个时间点出现什么歌词,运营者就要做什么样的口型动作。

4. 情感类短视频

情感类短视频的制作相对来说比较简单,运营者只需将短视频素材剪辑好,再将情感类文字转录成语音配上去。另外,运营者也可以采用更专业的玩法——拍摄情感类剧情短视频,这样会更具有感染力。例如,"十点半浪漫商店"抖音号发布的第一个短视频,就是通过邀请抖音红人"七舅脑爷"担任主角,拍摄一个讲述一对情侣之间彼此相爱的情感故事,新颖的剧情加上抖音达人的影响力,让这个短视频的点赞量达到了 173.6 万,评论数量也达到了 2.9 万。

对于这种剧情类情感短视频说,以下两个条件必不可缺:

(1)优质的场景布置。

(2)专业的拍摄技能。

另外,情感类短视频的声音处理是极其重要的,运营者可以购买高级录音设备,聘请专业配音演员,从而让观众深入到情境之中,产生极强的共鸣感。

5. 连续剧类短视频

连续剧类短视频有一个作用——吸引粉丝持续关注自己的作品。下面介绍一些连续剧短视频内容的拍摄技巧,如图 2-17 所示。

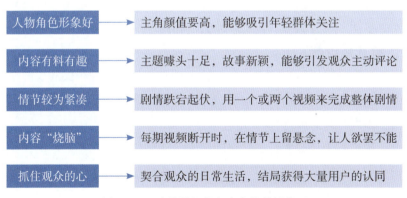

图 2-17 连续剧短视频内容的拍摄技巧

例如,某品牌手机在抖音上发布的《××手机那些功能》系列短剧,如图 2-18 所示。该系列短剧向广大用户展示了该品牌手机系统中那些好用但是又不为人知的功能,话题播放总次数达到了 286 万次。

图 2-18　连续剧短视频示例

另外，在连续剧短视频的结尾处，可以加入一些剧情选项，来引导观众去评论区留言互动。笔者通过研究大量连续剧爆款短视频，发现它们有两个相同的规律：

（1）高颜值视觉体验，抓住观众眼球。在策划连续剧短视频时，用户需要对剧中的角色形象进行包装设计，通过服装、化妆、道具和场景等元素，给观众带来视觉上的惊喜。

（2）设计反转的剧情，吸引粉丝关注。在短视频中可以运用一些比较经典的台词，同时多插入一些悬疑、转折和冲突，在内容上做到精益求精。

6. 正能量短视频

在网络上常常可以看到"正能量"这个词，它是指一种积极的、健康的、催人奋进的、感化人性的、给人力量的、充满希望的动力和情感，是社会生活中积极向上的一系列行为。

如今，短视频受到政府日益严格的监管，同时各大短视频平台也在积极引导用户拍摄具有"正能量"的内容。只有那些主题更正能量、品质更高的短视频内容，才能真正为用户带来价值，如图 2-19 所示。

对于平台来说，这种正能量短视频也会给予更多的流量扶持，其中抖音"正能量"话题的播放量就达到了惊人的 3547 亿次，如图 2-20 所示。如环卫工人、公交车司机、外卖骑手和快递员等，这些社会职业都属于正能量角色，如果能拍摄给他们送温暖的视频，也能获得很大的传播量，受到更多人的欢迎。

第 2 章　内容创作：8 个技巧打造热门爆款视频

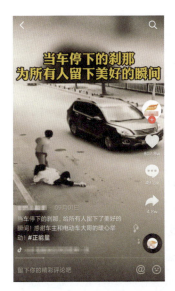

图 2-19　正能量类短视频示例

图 2-20　抖音"正能量"话题

另外，运营者也可以用短视频分享一些身边的正能量事件，如乐于助人、救死扶伤、颁奖典礼、英雄事迹、为国争光的体育健儿、城市改造、母爱亲情、爱护环境、教师风采及文明礼让等有关的事迹，引导和带动粉丝弘扬传播正能量。

模仿爆款内容，剖析爆款的秘密

除了 Vlog 风格的内容外，如果运营者实在是没有任何创作方向，也可以直接模仿爆款短视频内容。爆款短视频通常都是大众关注的热点事件，这样等于让你的作品无形之中产生了流量。

例如，某个运营者就模仿"涂口红的世界纪录保持者"的演说风格，在短视频中使用比较夸张的肢体语言和搞笑的台词，吸引大量粉丝关注。短视频达人的作品都是经过大量用户检验过的，都是观众比较喜欢的内容形式，跟拍模仿能够快速获得这部分人群的关注。

运营者还可以在抖音或快手平台上多看一些同领域的爆款短视频，研究他们的拍摄内容，然后进行跟拍。例如，很多明星都是运营者比较喜欢模仿的对象，如"林二岁"和蒙俊源等，都靠模仿明星才得以在网络上走红。

另外，用户在模仿爆款短视频时，还可以加入自己的创意，对剧情、台词、场景和道具等进行创新，带来新的"槽点"，以至于模仿拍摄的短视频甚至比原视频更加火爆，这种情况屡见不鲜。

创意视频内容，抓住热点更易火

如果运营者能在短视频中加入一点创意玩法，那么这个作品离"爆红"就不远了，本节笔者根据自身的经验，总结了一些短视频常用的创意玩法，帮助大家快速打造爆款短视频。

1. 电影解说

在西瓜视频和抖音上，我们常常可以看到各种电影解说的短视频作品，这种内容创作形式相对简单，只要会剪辑软件的基本操作即可完成。电影解说短视频的主要内容形式为剪辑电影中的主要剧情桥段，同时加上语速轻快、幽默诙谐的配音解说。

这种内容形式的主要难点在于运营者需要在短时间内将电影内容说出来，因而要求运营者具有极强的文案策划能力，能够通过简短的文字，让观众对电影情节有大致的了解。关于电影解说类短视频的制作技巧如图 2-21 所示。

图 2-21　电影解说类短视频的制作技巧

除了直接解说电影内容，进行二次原创外，运营者也可以将多个影视作品进行排名对比，做一个 TOP 排行榜，对比的元素可以多种多样。以金庸的影视作品为例，可以策划出"武功最高的十大高手""最美十大女主角""最厉害的十种武功秘籍""最感人的十个镜头""人气最高的十大男主角"等短视频内容。

2. 课程教学

在短视频时代，运营者可以非常方便地将自己掌握的知识录制成课程教学的短视频，然后通过短视频平台来传播并售卖给用户，以获得不错的收益和知名度。笔者总结了一些创作课程教学类短视频的相关技巧，如图 2-22 所示。

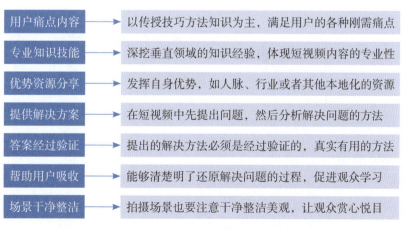

图 2-22　创作课程教学类短视频的相关技巧

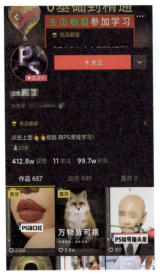

例如，下面这个账号专门分享 Photoshop 处理图片的教程，其粉丝数量接近百万，如图 2-23 所示。这种软件技能类的短视频相对来说简单，可以直接使用计算机游戏录屏软件来进行录制。

对于课程教学类短视频来说，操作部分相当重要，"PS 教程"的每一个短视频技能都是从自身的微信公众号、QQ 群、网站、抖音、头条号和悟空问答等平台，根据点击量、阅读量和粉丝咨询量等数据，精心挑选出来的热门、高频的实用案例。

图 2-23 "PS 教程"抖音号和课程教学短视频示例

同时，该抖音号还直接通过抖音平台来实现商业变现，开通了该平台的橱窗，售卖自己的知识技能短视频，如图 2-24 所示。在线教学是一种非常有特色的知识变现方式，也是一种效果比较可观的吸金方式。

图 2-24 通过抖音橱窗实现知识变现

3. 翻拍 改编

如果运营者在策划短视频内容时很难找到创意，也可以去翻拍和改编一些经典的影视作品。例如，在经典影片《喜剧之王》中，主角周星星喊了一句："我养你啊！"这个桥段在网络上被众多运营者翻拍，其话题播放量在抖音上就达到了 7.4 亿次，如图 2-25 所示。

图 2-25 "#我养你啊"抖音话题挑战赛

运营者在寻找翻拍素材时，可以去豆瓣电影平台上找到各类影片排行榜，如图 2-26 所示。将排名中靠前的影片都列出来，然后去其中搜寻经典片段，包括某个画面、道具、台词和人物造型等内容，都可以将其用到自己的短视频中。

图 2-26 豆瓣电影排行榜

带货视频内容，能卖货的短视频

短视频能够为产品带来大量的流量转化，让创作者获得盈利，很多短视频运营者最终都会走向带货卖货这条商业变现之路。本节将介绍用抖音或快手带货的相关技巧，包括短视频提升流量和转化的干货内容。

1. 带货视频

短视频带货的渠道多，主要有商品橱窗、小店、商品外链等，如图 2-27 所示。

图 2-27　抖音商品橱窗

要开通抖音小店，首先需要开通商品橱窗功能。用户可以在"商品橱窗"界面点击"开通小店"按钮，查看相关的入驻资料准备、资质要求和流程概要等内容，根据相关提示来入驻抖音小店，如图 2-28 所示。

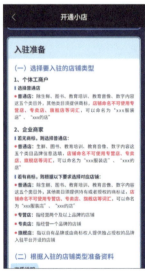

图 2-28　抖音小店的申请入口

2. 开箱测评

在抖音或快手等短视频平台上，很多人仅用一个"神秘"包裹，就能轻松拍出一条爆款短视频。下面笔者总结了一些开箱测评短视频的拍摄技巧，如图2-29所示。

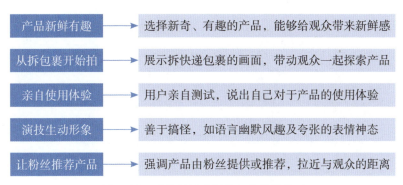

图 2-29 开箱测评类短视频的拍摄技巧

3. 让产品脱销

短视频平台无意中打造了很多爆款，这波"黑洞"般的带货能力连运营者自己都猝不及防，产品莫名其妙就卖到脱销了。运营者究竟做好哪几步才能让自己的产品与抖音同款一样，成为爆款，卖到脱销？笔者认为主要有如下3步。

1）打造专属场景互动

"打造专属场景"指的是在熟悉的场景，利用社交媒体进行互动。例如，在吃海底捞的时候，有网友自创网红吃法。

2）制造传播的社交货币

"制造传播的社交货币"是什么意思？很多产品爆火的背后，并不是因为它的实用价值，而是因为它具备社交属性。例如，曾经在网上卖断货的小猪佩奇手表。它的爆火是因为这个手表比其他手表质量更好、更好用吗？不是。是因为"小猪佩奇身上纹，掌声送给社会人"这句话让用户觉得自己跟别人不一样，这款手表让他们有了身份认同感。

所以，运营者在传播自己的产品时，一定要有意识打造属于产品的社交货币，让产品能够帮用户贴上更多无形的东西。

3）你的产品性价比要高

这一点比较好理解，产品除了质量过硬，价格还要亲民，几乎所有的抖音爆款产品，价格都不会太高。这主要是因为再好的东西，消费者也会货比三家。如果产品价格比较低，性价比高，消费者自然会选择该产品。

以上3步就是让运营者产品卖到脱销的核心秘诀，如果运营者有自己的产品，不妨认真思考一下如何打造爆款产品；如果运营者没有产品，可以按照自己的账号定位逐一筛选产品。

第3章

数据分析：
8个技巧获取精准人群标签

　　运营者在进行短视频运营的过程中，要想准确判断和了解运营的效果，就需要依靠数据来进行分析。

　　基于这一点，本章就从内容数据和粉丝数据两个方面来进行解读，以便指导读者更加清晰而准确地感知自己的运营和营销状态，为后续工作做好准备。

TIPS 016 分析热门视频，总结亮点优势

图 3-1 所示为抖音短视频平台美妆类目的带货博主个人页面热门视频作品展示截图画面。

图 3-1　某抖音号热门视频作品

运营者可以在"播主视频"页面点击相应短视频，了解短视频的具体内容，并从众多点赞量高的视频内容中总结各个抖音号的短视频亮点和优势，从而为自身账号的内容运营提供方法和借鉴。

TIPS 017 短视频推荐量，推荐用户阅读

在抖音短视频和西瓜视频平台上，推荐量都是一个非常重要的数据，能在很大程度上影响视频的播放量。当然，推荐量这一数据与文章质量紧密关联：如果质量好，契合平台推荐机制，那么当天发布的视频的推荐量就多；如果质量差，不符合平台推荐机制，那么当天发布的视频的推荐量就少。

第3章 数据分析：8个技巧获取精准人群标签

那么，推荐量究竟是什么呢？推荐量就是平台系统得出的一个关于发布的视频会推荐给多少用户来阅读的数据。这一数据并不是凭空产生的，而是系统通过诸多方面的考虑和评估而给出的，影响推荐量的主要因素有该账号在最近一段时间内发布视频的情况、短视频内容本身的用户关注热度等。

运营者可以通过登录头条号后台或西瓜短视频助手进行查看相关数据。在此，笔者以头条号后台的"西瓜视频"相关数据来进行介绍。

短视频运营者可以在头条号后台"西瓜视频"板块的内容管理页面查看每一个短视频内容的推荐量。图3-2所示为西瓜视频中"手机摄影构图大全"短视频的推荐量展示。

图3-2 "手机摄影构图大全"短视频的推荐量展示

TIPS 018 短视频播放量，用户观看次数

在平台的数据分析中，有多个与播放量相关的数据，即具体视频的播放量、昨日播放量、昨日粉丝播放量和累计播放量等。

其中，关于具体视频的播放量，运营者可以在"内容管理"页面的推荐量旁查看该数据。"播放量"表示有多少用户在该平台上观看了这一个短视频内容。

而其他3项播放量，运营者可以在头条号后台的"西瓜视频"的"数据分析"页面的"昨日关键数据"区域中查看，如图3-3所示。

图3-3 昨日关键数据

其中,"昨日播放量"指的是昨日有多少用户观看了该视频;而"昨日粉丝播放量"指的是有多少已成为自身账号粉丝的用户在昨日观看了该视频。就这样把每一天的"昨日播放量"相加,就是"累计播放量"。

当然,"昨日播放量"和"昨日粉丝播放量"在平台是每天都有记录的,这样就构成了"数据趋势图"中的"播放量"和"粉丝播放量"数据,如图3-4所示。此外,运营者还可以查看30天内的数据。

图3-4 "数据趋势图"中的"播放量"和"粉丝播放量"

收藏转发数据,体现内容价值

在头条号后台的"西瓜视频"的"数据分析"页面,"每日创作者视频总计数据明细表"和"每日发布视频实时统计数据明细表"中,除了"播放量"和"播放时长(分钟)"外,二者共有的数据还有"收藏量"和"转发量"。

1. 收藏量

收藏量表示的是多少用户在观看了视频之后,将视频内容进行收藏,以备后续观看。这一数据代表了用户对内容价值的肯定。试问,如果用户觉得视频内容没有价值,那他(她)还会耗费终端有限的内存来收藏一个毫无价值和意义的视频吗?答案当然是否定的。可见,只有当视频内容对用户来说有价值时,他们才会毫不犹豫地选择收藏。

对运营者来说,如果要想提高收藏量,首先就要提升视频内容的推荐量和播放量,并确保短视频内容有实用价值。只有视频内容有实用价值,如能提升用户自身技能、能用在生活中的某一方面等，才能让用户愿意收藏。

2. 转发量

转发量可以用来衡量视频内容的价值，它表示的是有多少用户在观看了视频之后，觉得它值得分享给别人。一般来说，用户把观看过的短视频转发给别人，主要基于两种心理，如图3-5所示。

图3-5　用户转发观看过的短视频的心理动机分析

同是用来衡量短视频内容价值的依据，转发量与收藏量还是存在差异的——转发量更多的是基于内容价值的普适性而产生转发行为。从这一点出发，运营者想要提高转发量这一内容评估数据量，就应该从3个方面着手打造短视频内容，提升内容价值，如图3-6所示。

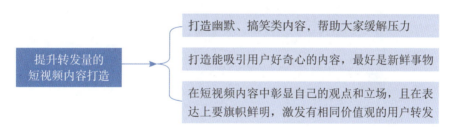

图3-6　提升转发量的短视频内容打造

短视频互动量，用户评论次数

在头条号后台的"西瓜视频"的"视频数据"页面，"每日发布视频实时统计数据明细表"中的"评论量"就相当于"互动量"，这一数据可以从用户的评论明细中看出。除了"互动量"，在具体视频的"视频分析"页面中的"互动分析"折线图中还可以显示更多数据指标，运营者把鼠标指针移至折线区域上方，会显示具体数据，如图3-7所示。

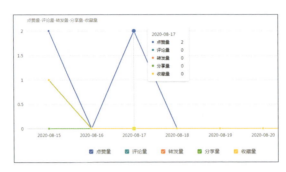

图 3-7 "视频分析"页面的"互动"折线图

用户之所以对视频进行收藏时,是觉得这个视频有价值,但是用户对视频进行评论,并不是完全偏向好的评论,也有批评和吐槽的内容存在。因此,如果运营者想了解更多的互动信息,可以查看视频的具体评论,以便对内容进行更详细的评估。

基于此,运营者可以在"西瓜视频"模块下的"评论管理"页面查看"最新评论"和"视频评论"。其中,"最新评论"显示的是最近的评论。而"视频评论"可以显示所有发表的视频内容的相关评论。

因此,运营者可以在"视频评论"页面选择具体的视频,然后查看其评论内容。图 3-8 所示为"手机摄影构图大全"头条号发表的一则视频的评论内容。

图 3-8 "手机摄影构图大全"视频下方的评论内容

短视频访问量,了解品牌信息

现在是全民都在玩短视频的时代,不管是使用者还是短视频运营者,都在积极参与其中,玩短视频的人可以分为两种,一种是单纯带着娱乐性质的玩,另一种是想要利用短视频内容获得收益。

下面就以抖音为例,来讲讲第二种。那么,笔者就从抖音平台的用户访问量这方面来讲,如何利用访问量为短视频助力,让其他用户更加了解你的品牌产品,以达到商业变现的目的。

这里的访问量在抖音平台指的是用户点击量和视频播放量,为什么在抖音平台有的人发了视频却没人看?也就是说,当运营者将精心编辑了好久的短视频内容发布到平台上后,过了几个小时再去看,发现还是只有那少之又少的几个人在浏览,这是为什么呢?

很多人都想不明白,为什么同样是发布视频,别人的短视频总能上推荐、上热门,而自己的连几个赞都没有。

这种现象用专业名词解释就是"马太效应",现在很多平台都奉行这个原则——"强者恒强,弱者越弱",因为那些网红有庞大的粉丝群体,一旦他们有新作品发布,粉丝就会争着抢着去观看、评论、点赞和转发,这就是强者越强的本质。

这些粉丝就是他们最基础的访问量的保障,只要播放的指标达到了抖音平台的播放量,平台就会将其短视频推荐上热门。但是,短视频内容足够优质才行,同样是拍美景,为什么别人可以上推荐上热门,而自己只能在角落默默无闻呢?其主要原因就是第一个短视频不管是从画面颜色和还有节奏的把握、背景音乐等方面都比第二个要好,所以,第一个属于优质视频,点赞和评论量高是很正常的事情,如图3-9所示。

图3-9 优质视频与一般视频

相反，如果你的 IP 账号粉丝都没几个，怎么能产生大量的访问量呢？所以，产生的结果只能是，发布的视频没有人看，但是那些拥有庞大粉丝群体的网红与普通运营者有一个共同点——这个网红也是从 0 个粉丝变成现在拥有几百万，甚至一千多万粉丝的网红的，这其中只是需要一个过渡期而已。

那么，问题来了，究竟一个新人怎么做才可以做到发视频有人看呢？其实，在笔者看来，这是需要运气和技巧结合的事情。首先，运营者必须有一个高质量的短视频，发布完短视频，运营者可以适当地做一些数据操控，这样就会有很大的机会上推荐、上热门了。

在这之前，运营者需要知道抖音平台的推荐机制是什么。如果发布到抖音平台的短视频符合平台规定，又是原创视频，那么抖音平台一般最先开始是将短视频推荐给 300 个正在使用抖音的在线用户，这个短视频能不能 "火" 起来，就要看这个短视频内容和那 300 个在线用户给不给力了。

图 3-10 所示，抖音推荐给用户的短视频，中间偶尔会出现那种点赞评论都比较少的短视频内容，当你刷到的时候，那么你就是那 300 个初始用户中的一个。只要短视频中的内容可以打动你，这个短视频就有可能被你点赞、评论和转发，从而达到帮其推广的效果。

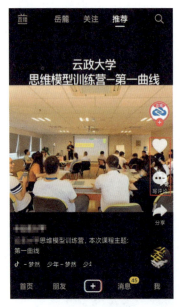

图 3-10　抖音推荐机制案例

想要这个短视频火的概率变得更大的话还需要注意以下几点。

1）短视频内容中添加创意

图 3-11 所示为某平台比较火的"俄舞",第一张图是纯粹的教学视频,没有火起来;第二张图的小女孩跳了一支带可爱风的"俄舞",这个视频反而点赞数超过了 100 万,这就是就加创意和不加创意的结果。

图 3-11 抖音"俄舞"案例

2）高颜值与创意结合

在这个看脸的社会,如果你发布的内容中有颜值比较高的小哥哥或小姐姐,再加之以创意,短视频火的概率会更大。如图 3-12 所示,一位小姐姐将自己的体重从 180 斤减到了 130 多斤,她凭借自己的高颜值和超强的耐力,获得了 160 多万粉丝。

最后一点就是多看一下抖音平台每天推荐的短视频和上了热门的短视频,运营者可以借鉴他们视频中的内容。此外,抖音平台每天都会出现一个或者好几个热点,比如有一阵时间,热门短视频里经常出现甩臀舞、海草舞等。

笔者经常看到,没有粉丝基础的运营者直接翻拍热点视频,点赞数也达上万,或者几十万,在那么多点赞的同时素人也增加了很多粉丝。除了大众模仿,还可以将这些热点内容进行改编,或许可以获得意想不到的效果。

图 3-12 抖音短视频创意案例

等这个过渡期过去了，运营者只要持续按照方法运营自己的 IP 账号，一样可以成为网红。当运营者成为网红之后，后续的访问量也就有了一个粉丝基础，上热门也就是轻轻松松的事情，等庞大的访问量为短视频助力之后，运营者就可以向粉丝群体推广自己的品牌产品了。

此时，运营者打广告就是一件自然而然的事情了，只需要用适当的方法去转化粉丝，将粉丝量变成购买力，就可以实现平台与电商结合的目标，变现也就很容易了。

深度分析粉丝，重新找准定位

随着互联网行业的发展，各种短视频平台层出不穷，比如现在正火的抖音、快手、美拍、秒拍、微信视频号，随着这些短视频 APP 的出现，也降低了制作视频内容的门槛，不管是谁，只要有网络，有台手机，就可以随时随地拍，随时随地上传互联网，在短视频的风口下，带动了人人参与的热潮。各大短视频平台实时的互动模式也给用户带来了全新的体验。

第3章 数据分析:8个技巧获取精准人群标签

在短视频正火的当下,人人都想利用短视频来获取收益,那么想要利用短视频收益,运营者先要对粉丝进行深度分析,下面就以抖音平台为例进行说明。

1. 分析性别比例

行业不同、短视频内容不同,抖音号用户的性别属性也会存在一定的相同点和不同点。运营者要做的是,从这些共性的性别属性中,确定自身要运营的短视频平台账号的目标用户群体的性别属性。图3-13所示分别是"李××"和"柚子××酱"抖音号的用户性别分布图。

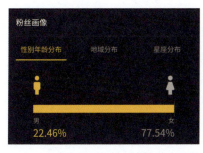 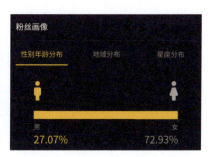

图3-13 "李××"(左)和"柚子××酱"(右)抖音号用户性别分布图

由图3-13可知,"李××"和"柚子××酱"这两个与美妆相关的抖音号的用户性别分布中,女性用户占比远远多于男性用户占比。可见,不仅抖音短视频APP的用户是以女性用户为主,该平台上的美妆类账号用户大抵也是以女性为主。

基于此,运营者可能要基于"抖音短视频"APP的用户性别分布情况,制定不同于微信公众号、头条号等平台的内容运营策略,增加更多适合女性用户的美妆内容。

2. 分析年龄比例

图3-14所示分别是"李××"和"柚子××酱"抖音号的用户年龄分布图。将鼠标指针移至占比最大的年龄段色块上,可显示该年龄段的用户占比数据。

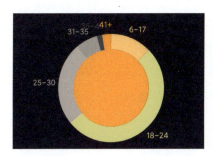 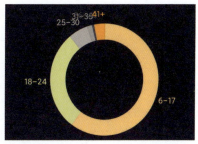

图3-14 "李××"(左)和"柚子××酱"(右)抖音号用户年龄分布图

由图3-14可知,"李××"和"柚子××酱"两个与美妆相关的抖音号的用户年龄分布中,占比最多的是"18~24"和"6~17"这两个年龄段的用户,总占比超过了一半;其次是"25~30"这一年龄段内的用户。然而,无论是"18~24"和"6~17"这两个年龄段,还是"25~30"这一年龄段,都表明这两个抖音号的用户年龄大多为6~30岁,偏向年轻群体。

可见,这两个抖音号的用户年龄属性是与抖音短视频平台的用户年龄属性大体相符的,由此可知它们的短视频内容是符合平台整体的用户定位的,因而这些抖音号获得大量用户关注也就不足为奇了。

从这一角度来看,运营者可以根据自身情况,在观看这些抖音号内容的情况下安排后续的短视频内容,打造出符合用户偏好和能满足用户需求的内容。

3. 分析地域分布

图3-15所示为"李××"抖音号的用户地域分布图。在地域分布图中,可分为"省份"和"城市"两类分布数据情况,运营者可以一一查看。

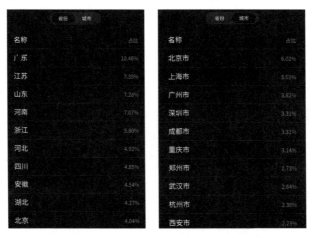

图3-15 "李××"抖音号用户地域分布

图3-16所示为"柚子××酱"抖音号的用户地域分布图。在这两个美妆账号的地域分布图中,"省份"分布图显示占比最多的都是广东省,且都在10%左右,远多于其他省份;"城市"分布图显示占比排名前十的是经济发达的城市,特别是"北上广深"和"成都""重庆"六大城市,在这两个抖音号的用户地域分布中都出现在前十的排名中。

因此,运营者可以基于这些省份和城市的用户属性和工作、生活,进行资料的搜集和整理,还可以基于抖音号的"同城"功能进行城市的切换,观看这些地方的比较火的短视频内容。最后进行归纳总结，安排一些目标用户可能感兴趣的内容，相信这样可以吸引到更多的用户观看。

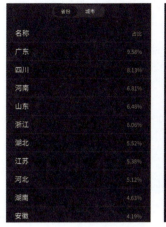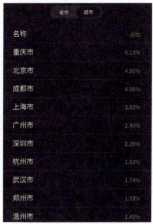

图 3-16 "柚子××酱"（右）抖音号用户地域分布

挖掘购买能力，分析新增粉丝

运营者在收集或统计粉丝数据时，不仅能从中分析新增粉丝的特点，还能加以利用，挖掘粉丝的购买能力。下面就从这两个方面进行详细分析。

1. 挖掘粉丝购买能力

"购买意愿"指用户对产品的购买意向；"用户购买力"是指在用户有购买意愿的情况下，购买商品的能力。

运营者想要用户产生购买力，那么必须先让用户产生购买意愿。而企业号运营者要做的就是提升用户的购买意愿，从而达到用户购买商品的目的。那么，用户的购买意愿又会受哪些因素影响？笔者总结了以下几个方面。

第一个是商品是否为用户需求，消费者在产生想要购买这个商品的念头时，就一定会想："我是否真的需要这个商品？"一般的消费者只购买自己真正需要的商品，不需要的自然就难以产生购买欲望。笔者以气垫霜为例，像气垫霜这种商品的保质期一般是 3 年，3 年的保质期一过就不能用了，而且气垫霜还是慢消耗品，买多了也是一种浪费。

如果这个商品用户暂时用不到,不会产生购买力怎么办呢?这个其实很好解决,就气垫霜而言,虽然买多了用不过来,但是用不过来是消费者的事,对于运营者而言,卖出气垫霜才是根本。以抖音平台为例,某位带货达人发布口红试色短视频,以吸引女性用户购买,如图3-17所示。

图3-17 抖音某美妆博主视频截图画面

像这种在某个平台专注于某一类目的网络红人,品牌商可以找与自己相同类型的大咖一起合作,将粉丝量转化成用户购买力。

图3-18所示为抖音大咖将用户对口红的需求度转化为购买力的案例。某品牌通过和抖音大咖合作,将口红成功推广并销售出去,评论里面有直接回复"请告诉我去哪里买!",还有的@男朋友自己想要买口红的,这些评论都印证了这种推广

图3-18 用户需求转化成功案例

模式的成功。

第二个影响用户购买意向的就是信息收集,用户在购买一个商品前会对这个商品进行了解,例如,自己适不适合这个商品、这个商品质量好不好,以及自己已经买过了,要不要再次回购等一些困扰用户的问题。

那么,这些用户问题运营者该怎么去了解?运营者可以从公共来源了解,如电视媒体、网络媒体或消费者评价等;又或者是个人来源,如自己身边的亲戚朋

友、同事或认识的人的评论。

图 3-19 所示为抖音 APP 搜索界面，运营者可以在搜索框中输入想要了解的关键信息，并点击搜索，就会出现一系列的产品信息。

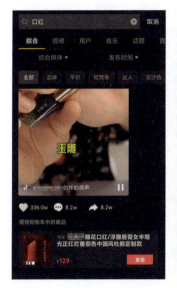

图 3-19　抖音平台搜索信息收集案例

例如，想要了解其他运营者的口红视频，在搜索栏中搜索关键词"口红测评"即可，搜索之后的结果就会是各种短视频讲解。一般来说，搜索口红这种商品，搜索结果大多都是美妆博主对各类口红的测评结果视频，这种类型的信息收集就是属于网络媒体平台的信息收集。

此外，运营还可以利用抖音平台的评论回复区进行信息收集。图 3-20 所示是关于气垫霜品牌的信息收集，不过不是靠短视频的内容，而是在短视频的评论回复区进行信息收集。短视频的内

图 3-20　抖音评论回复区信息收集案例

容是关于气垫霜测评的，所以，下面的评论区也都是关于气垫霜的，大多都是气垫霜好不好用，适不适合油性皮肤、干性皮肤之类的，这种评论区回复也属于信息收集的一种。

当用户对产品进行全面了解之后，就会产生最终是否购买这个商品的决定，也就是说，当用户购买意愿积累到一定程度之后，就会产生最终的购买力。

2. 分析新增粉丝数据

关于用户数据，运营者首先要了解的就是要查看每天有多少新增粉丝关注了你，又有多少粉丝取消了关注，以及平台一共积累了多少粉丝等，这些都是要掌握的关于用户数量的最基本的情况。下面主要介绍查看平台新增粉丝数据的具体内容。

以头条号为例，运营者如果想要查看新增粉丝数据，单击"粉丝数据"按钮，并在弹出的下拉列表框中选择"概况"选项即可查看，如图 3-21 所示。

图 3-21　查看新增粉丝数据的操作

在"数据趋势"区域，运营者可以查看"7 天"和"30 天"的新增粉丝数。图 3-22 所示为头条号"手机摄影构图大全"后台数据，该界面显示的是以 30 天为一个时间区隔的新增粉丝趋势情况折线图。

在该趋势图上，将鼠标指向不同的节点（日期点），还能看到该日期下的详细新增人数数据，如图 3-23 所示。

图 3-22　头条号新增粉丝数据趋势折线图

图 3-23　显示具体日期数据的新增粉丝数据趋势折线图

分析上面两幅新增粉丝数据的趋势图，有如下两方面的意义：

（1）观察新增粉丝的趋势，可以以此来判断不同时间段的宣传效果。

整体趋势：从图 3-22 中可以看出，该头条号这 30 天内的前期趋势较平缓，折线图起伏不大；当运营到后期时，数据开始上升。

无论是哪一个时间段，在这 30 天内，每天都有 50 人左右关注了该头条号，可见该运营者在宣传推广上还是不曾懈怠的，时常有吸引用户的原创内容推出，从而取得了不错的宣传效果。

（2）观察趋势图的"峰点"和"谷点"，可分析出不同寻常效果出现的原因。

峰点：表示的是趋势图上处于高处的突然下降的节点。它与"谷点"相对，都是趋势图中的特殊的点，意味着头条号的内容推送可能产生了不同寻常的效果。图3-23中2020年8月18日的新增粉丝数据为105人。那么，为什么这一天的新增粉丝人数呈现出"峰点"的趋势呢？

此时就需要找出原因——是因为平台内容吸引人、关键词布局得合理、文章标题有吸引力，还是其他的原因——等查明原因后，运营者就相当于积累了一次经验，以后可以把这种经验复制下去，从而寻求不断地获得更好的效果。

谷点：表示的是趋势图上处于低处的突然上升的节点。从图3-24中可看出，2020年9月4日前后的新增粉丝数据为6人，是这30天里粉丝增长最少的一天。

▶ 专家提醒

在此，30天这一周期指的是从当前日开始到往前数30天的这一段时间，而不是以30天为一个区间的任意一段时间。如果运营者想查看头条号某一段时间的新增粉丝数，可以单击"头条粉丝"区域右上角的"时间选择"按钮，然后在弹出的日历表中标记起止时间即可完成选择，如图3-24所示。

图3-24 选择显示数据的时间区间

第4章

营销推广：
8大策略让你的作品火起来

对于短视频运营者，特别是通过产品变现的运营者来说，增加用户的消费欲望，提高产品的销量非常关键。而要想达成这些目的，就必须掌握必要的营销技巧，让自己的营销行为能够走进用户的心里。

营销之前，先做充足准备

做什么事情之前，都应该做足准备，对相关内容进行充分的了解，做营销也是如此。短视频运营者只有对需要营销的事物进行充分的了解，才能让营销内容有的放矢，更好地打动目标用户。具体来说，在营销之前运营者需要重点对两方面的内容进行了解。

1. 成本

成本可以分为两种，一种是营销推广的成本，另一种是产品的生产成本或进价。在了解了这两种成本之后，短视频运营者便能预估自身的总体成本，根据总成本确定产品的销售价格，从而更好地保障自身的收益。

2. 卖点

对于某件产品或某个事物，运营者会重点关注其卖点和亮点。如果运营者在做营销之前，对需要营销的事物有进行充分了解，并从中提炼出能够打动用户的卖点，最终做出针对性营销。那么，用户在看到营销内容之后，自然会更容易动心，而营销的效果自然也会更好。

账号产品，全部推销到位

在短视频账号运营过程中，账号和产品的营销都非常重要。总的来说，只有对账号进行营销，才能让账号获得更多流量，从而增强账号的变现能力。同时，大部分运营者是借助产品进行变现的，通过对产品的营销，可以增强产品对用户的吸引力，让更多用户下单购买。

然而，在现实生活中，许多运营者在做营销时往往会过分重视其中的一个方面，而忽略了另一个方面。例如，有的运营者会通过各种方式，在各个平台对账号进行营销，吸引了许多人的关注，却因为缺乏对产品的营销，导致下单率相对较低。

又如，有的运营者花费了许多时间和精力做产品营销，却忽略了账号营销，结果关注账号的人数相对较少，部分看到产品营销内容的人群，找不到产品的购买渠道，产品的变现能力远远达不到预期。

由此不难看出，账号和产品都是短视频营销的重点。无论是缺了账号的营销，还是缺了产品的营销,都会让最终的营销效果和账号的变现能力大打折扣。因此,运营者在做短视频营销时,一定要将账号和产品营销都做到位。

此外,还有一个营销误区——部分运营者在做营销时会选择相对直接的方式。比如,卖产品的短视频运营者会通过视频对产品进行展示,甚至会通过多个相似的视频,对同一个产品进行营销推广,如图4-1所示。

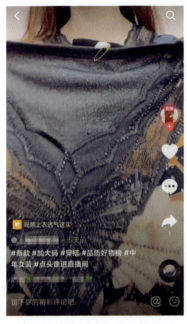

图4-1　相似的视频对同一产品进行营销推广

这种直接通过多个视频对同一产品进行推广的做法,虽然能让用户看到你销售的产品,了解产品的相关信息,但是,也很容易让用户产生反感情绪。毕竟大多数用户都不喜欢看广告,而且这么做相当于在多次做相似的广告。这种行为,会让用户在看到你的视频之后,直接忽略掉。

其实,用户之所以会对广告营销行为产生反感情绪,主要还是因为部分广告营销的痕迹太重了,而且很多广告都是在重复进行营销。如果运营者能够适当弱化营销痕迹,用户也会更加容易接受一些。

比如,同样是卖厨具,你直接通过视频对厨具进行全面展示,用户可能不会看完你的视频。如果在一个制作美食的视频中使用要卖的厨具,而且让用户看到该厨具是非常实用的,那么用户不仅不会觉得你是在做广告,甚至还会因为厨具看起来很好用而直接下单购买。

活动营销与事件营销

活动营销与事件营销的共同点都是以某件事为契机,进而策划营销方案,不同的是活动营销是自己制造活动事件,而事件营销是借用热点事件。下面对此进行详细解读。

1. 活动营销

活动营销是指通过资源整合,策划相关的活动,从而达到卖出产品、提升企业和店铺形象的一种营销方式。营销活动的推出,可以提高客户对店铺和品牌的依赖度,从而更好地培养出核心用户。

活动营销是各种商家最常采用的营销方式之一,常见的活动营销方法包括抽奖营销、签到营销、红包营销、打折营销和团购营销等。许多店铺通常会采取"秒杀""清仓""抢购"等方式,以相对优惠的价格吸引用户购买产品,增加平台的流量。

图4-2所示为某商品的销售界面,该运营者主要通过举办优惠活动进行产品销售。这实际上便是典型的活动营销。

图4-2 某商品的销售界面

活动营销的重点往往不在于活动这个表现形式,而在于活动中的具体内容。也就是说,运营者在做活动营销时需要选取用户感兴趣的内容,否则可能难以收到预期的效果。

对此,运营者需要将活动营销与用户营销结合起来,以活动为外衣,把用户需求作为内容进行填充。例如,当用户因商品价格较高不愿下单时,可以通过发放满减优惠券的方式,适度让利,薄利多销。

2. 事件营销

事件营销就是借助具有价值的新闻、事件,并结合产品的特点进行宣传推广,进行产品销售的一种营销方式。运用事件营销引爆产品的关键就在于结合热点和时事。

以"垃圾分类"的热门话题为例,随着话题的出现,紧接着一大批明星名人也迅速加入话题讨论,使其成为了网络一大热点。许多厂家和店铺看到该事件之后,推出了垃圾分类益智玩具,如图4-3所示。

图 4-3 垃圾分类益智玩具

该垃圾分类益智玩具推出之后,借助"垃圾分类"这个热点事件,再加上该产品在快手、抖音等平台的疯狂宣传,产品知名度大幅度提高,随之而来的是大量消费者涌入店铺,产品成交量快速增加。

综上所述,事件营销对于打造爆品十分有利,但是事件营销如果运用不当,也会产生一些不良影响。因此,运营者在事件营销中需要注意几个问题,如事件营销要符合新闻法规、事件要与产品有关联性、营销过程中要控制好风险等。

事件营销具有几大特性,分别为重要性、趣味性、接近性、针对性、主动性、保密性和可引导性等。这些特性决定了事件营销可以帮助产品变得火爆,从而成功达到提高产品销量的效果。

口碑营销与用户营销

口碑营销与用户营销的角度是不同的,口碑营销是用户认可运营者的产品,它是以产品为中心的营销策略;而用户营销是运营者重视客户体验,它是以用户为中心的营销策略。

1. 口碑营销

互联网时代,消费者很容易受到口碑的影响,当某一事物受到主流市场推崇时,大多数人都会对其跟随主流。对于短视频运营者而言,口碑营销主要是通过产品的口碑,进而通过好评带动流量,让更多消费者出于信任购买产品。

常见的口碑营销方式主要包括经验性口碑营销、继发口碑营销和意识口碑营销。

1)经验性口碑

经验性口碑营销主要是从消费者的使用经验入手,通过消费者的评论让其他用户认可产品,从而产生营销效果。图4-4所示为某店铺中某商品的评论界面。

图4-4 某店铺中某商品的评论

随着电商购物的发展,越来越多的人开始养成这样一个习惯,那就是在购买某件产品时一定要先查看他人对该物品的评价,以此对产品的口碑进行评估。而店铺中某件商品的总体评价较好时,产品便可凭借口碑获得不错的营销效果。

在图4-4中,绝大多数用户都是直接给好评,该产品的综合评分达到了5分。当需要购买产品的用户看到这些评价时,可能会认为该产品总体比较好,并在此印象下将之加入购物清单。这样一来,产品便借由口碑将营销变为了"赢销"。

2)继发性口碑

继发性口碑的来源较为直接,就是消费者直接在短视频平台和电商平台上了解相关的信息,从而逐步形成的口碑效应,这种口碑往往来源于平台和电商平台上的相关活动。

以"京东"为例,该电商平台便是通过"京东秒杀""大牌闪购""品类秒杀"等活动,给予消费者一定的优惠,如图4-5所示。因此,"京东"便借助这个优势在消费者心中形成了口碑效应。

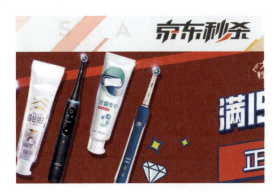

图4-5 京东秒杀界面

3)意识性口碑

意识性口碑营销,主要是借助名人效应进行产品口碑营销,而营销的效果也与名人的名气有着很大的关系。通常来说,名人的名气越高,营销的效果往往就越好。

相比其他推广方式,请明星代言的优势就在于,明星的粉丝很容易"爱屋及乌",在选择产品时,会有意识地将自己偶像代言的品牌作为首选,有的粉丝为了扩大偶像的影响力,甚至还会将明星的代言内容进行宣传。

口碑营销实际上就是借助从众心理,通过消费者的自主传播,吸引更多消费者购买产品。在此过程中,非常关键的一点就是消费者好评的打造。毕竟当新用户受从众心理的影响进入店铺之后,要想让其进行消费,必须先通过好评获得用户的信任。

2. 用户营销

"用户营销"简单理解就是以用户为中心，通过满足用户某方面的需求来进行营销推广。这种营销模式有利于爆品的打造，因为只有用户需要的产品，才有可能被市场广泛接受。

运营者在做用户运营时，可以参考亚马逊中国的成功经验。亚马逊中国作为知名的网上综合购物平台，其以用户需求为中心的营销理念得到了不少业界人士的赞赏，同时也培养了不少忠实的客户，形成了品牌影响力。

那么亚马逊中国究竟是怎么做的呢？其用户营销具体从哪些方面体现出来呢？下面将从产品和服务两个方面来分析亚马逊中国的营销方法。

1）产品策略

亚马逊中国的产品早先以音像制品为主，后来为了满足消费者的需求，开始将业务扩展到多个领域，如图书、母婴、电子配件、家居、厨具、美妆、办公等，如图 4-6 所示。

图 4-6 亚马逊的多领域业务

虽然亚马逊中国的产品种类越来越丰富，但它还是秉承"品质至上"的理念，做到"大而精"，保证产品都是正品，全力满足消费者的需求，而其网上独家销售也是吸引用户的一个重要原因。

2）服务策略

亚马逊中国用户营销的成功，与其贴心的服务是分不开的。其服务包括物流服务、退换货服务及支付服务。

以物流服务为例，对于网络购物而言，物流服务是消费者最重视的因素之一，亚马逊中国从消费者的角度出发，保证物流服务的周到，而且还不惜成本打造了"自建物流中心"，以提升用户的购物体验，如图 4-7 所示。

图 4-7　亚马逊"自建物流中心"

除此之外，亚马逊为了满足部分客户的特殊需求，提供最优质的服务，特意在深圳、上海、广州、天津、苏州和佛山等 8 个城市进行了"加急配送"。

从亚马逊中国的例子可以看出，用户营销不仅要从用户角度思考问题，还要不惜代价去培养"铁杆粉丝"。

借力营销与品牌营销

借力营销与口碑营销都是借用一定的资源，从而进行产品营销，它们之间的最大不同点就是资源性质不同，借力营销借用的是他人的资源，而口碑营销借用的是自己的资源。

1. 借力营销

借力营销是指借助于他人的优势资源，来实现自身目标的一种营销方法。例如，短视频运营者在产品的推广过程中存在自身无法完成的工作，但是其他人擅长于这一方面的工作，就可以通过合作达成目标。

在进行借力营销时，短视频运营者可以借力于 3 个方面的内容，具体如下。

（1）品牌的借力：借助其他知名品牌，快速提升品牌和店铺的知名度和影响力。

（2）用户的借力：借助其他平台中用户群体的力量，宣传店铺及其产品。

（3）渠道的借力：借助其他企业擅长的渠道和领域，节省资源、打造共赢。

图 4-8 所示为某快手运营者借力爱奇艺视频进行营销的相关画面。该快手运营者通过将视频上传至爱奇艺视频的方式，借助该视频将爱奇艺视频上的用户变为快手号的宣传对象，从而增加了对快手号的宣传力度和影响范围。

图 4-8 借力爱奇艺视频营销

借力营销能获得怎样的效果,关键在于借力对象的影响力。所以,在采用借力营销策略时,短视频运营者应尽可能选择影响力大,且包含大量目标用户的平台,而不能抱着广泛撒网的方式到处去借力。

这主要有两个方面的原因。首先,运营者的时间和精力是有限的,这种广泛借力的方式对于大多数运营者来说明显是不适用的。其次,盲目地借力,而不能将信息传递给目标消费者,结果很可能是花了大量时间和精力,却无法取得预期的效果。

2. 品牌营销

品牌营销是指运营者通过向消费者传递品牌价值来得到消费者的认可或肯定,以达到维持稳定销量、获得良好口碑的目的。通常来说,打响品牌不是一件容易的事情,市场上销售产品的运营者和商家千千万万,能被消费者记住和青睐的却只有那么几家,因此,品牌营销需要运营者倾注很大的心血。

如果运营者想要通过品牌营销的方式来引爆产品,树立口碑,就应该从一点一滴做起,日积月累,如此才能齐抓名气和销量,赢得消费者的青睐和追捧。

做好品牌营销最直接的方法是,运营者可以为品牌打造一个深入人心的形象,然后让消费者为品牌下的产品心向往之,成功打造爆品。品牌营销需要有相应的营销策略,如品牌个性、品牌传播、品牌销售和品牌管理,以便让品牌被消费者记住。

以丹麦的某服装品牌为例，其品牌精神为前卫、个性十足、真实、自信等，很好地诠释了它产品的风格。同时，该品牌利用自身的品牌优势在全球开设了多家店铺，获得了丰厚的利润，赢得了众多消费者的喜爱。该品牌的品牌营销是一步一步从无到有摸索出来的，它也是依靠自己的努力慢慢找到品牌营销的窍门，从而打造出受人欢迎的爆品。

运营者在做品牌营销时，要学会掌握品牌营销的优势，逐个击破。那么，品牌营销的优势究竟有哪些呢？笔者将其总结为4点，具体如下：

（1）有利于满足消费者的需求。

（2）有利于提升企业水平。

（3）有利于企业与其他对手竞争。

（4）有利于企业效率的提高。

品牌营销的优势不仅对企业有利，而且对爆品的打造也同样适用，总之一切都是为了满足消费者的需求。

跨界营销，增加产品覆盖面

跨界就是从大众熟知的领域中走出来，去开展其他领域的业务。跨界并不是不务正业，而是在原有业务的基础上探索新的可能性，从而增加运营者旗下产品的整体覆盖面。

图4-9所示为某公司生产口罩的相关信息。该公司是一个知名的汽车品牌。但是像图中这样生产口罩，该公司就是在做跨界。而这种跨界行为只要进行适当的营销，就能获得很好的效果。

对于本来就有一定影响力的运营者来说，跨界营销可以说是一种拓展业务范围的有效方式。因为凭借其积累的影响力，许多用户对该运营者会比较信任。这

图4-9　某公司的跨界营销

就好比"口红一哥"不卖口红,跨界去卖别的东西,甚至跨界去做其他事情,同样也会吸引无数关注,因为他本身就拥有较强的影响力。

TIPS 030 3大方式,玩转企业品牌

短视频平台可为企业品牌提供的展示方式主要有开屏广告、视频流广告、发起挑战及品牌官方账号等。根据这些展示方式的性质,可以总结为观看体验类、社交体验类及互动体验类3大类别。其中,原生信息流广告和挑战赛是最为常见的合作方式。

1. 社交体验类:品牌官方账号

过去,运营者在使用短视频营销时,通常是采用一次性投放策略,结果往往只能获得一次性的品牌曝光数据。如今,通过企业号强大的社交属性,运营者不仅可以通过短视频曝光品牌,而且可以将获得的用户数据转化为自己的品牌粉丝。积累的粉丝越多,运营者做营销的成本就越低。

同时,通过品牌官方账号的私信功能,企业号可以在短视频平台打造自己的社交关系,积累粉丝、高效沟通、创造更多营销转化。

2. 迎合碎片化时代的传播诉求

一般来说,短视频平台上的原生信息流广告支持跳转落地页和品牌主页,让用户参与到广告的点赞、评论、转发中来。

例如,某汽车品牌抖音号凭借着电影《攀登者》高价值广告曝光资源,以及超强互动参与度的挑战赛活动,视频总播放次数达到3.2亿,如图4-10所示。

图 4-10 福特的话题挑战与相关视频

第 4 章　营销推广：8 大策略让你的作品火起来

3. 互动体验类：挑战赛

挑战赛是一种整合打通平台资源的合作模式，包括定制挑战、核心入口展示、达人互动、定制贴纸和音乐入库等。例如，《少年之名》的"男友力挑战赛"、天猫的"夸夸挑战赛"都属于这种方式，如图 4-11 所示。

图 4-11　抖音挑战赛

营销必学！4 种内容形式

过去，运营者想要品牌接触到用户，需要通过信息触达、唤醒和召回等各个环节才能做到。但在短视频平台上，运营者通过短视频这种沉浸度更强的表达方式，将品牌和用户的距离缩得很短，在这种情况下用户的转化性也会极大地增加。

笔者以抖音为例进行介绍。在抖音的品牌主页上，运营者可以定制品牌头图、账号头像"蓝 V"身份认证、文字介绍，同时支持品牌官网、电商渠道的转化入口、话题挑战赛内容聚合及置顶的品牌视频等功能。图 4-12 所示为已经加"蓝 V"认证的抖音企业号。

图 4-12 已经加"蓝 V"认证的抖音企业号

除常规的开屏广告、信息流广告之外,抖音还为品牌主提供了互动贴纸、KOL(Key Opinion Leader,关键意见领袖)或明星合作矩阵、挑战赛的方式。短视频运营者可以获得官方认证标识,并使用官方身份,通过视频、图片等多种形态完成内容营销闭环。

当然,内容仍然是企业品牌在抖音平台上传播的重中之重,知道再多的方法论,最终都是要表现在内容的传播上。笔者通过系统的分析和梳理,总结出了以下 4 种引爆品牌营销的内容形式。

1. 戏精类:完美展现品牌特性

"戏精"类内容是指企业抖音号运用自身的表演技巧,和出乎意料的剧情安排,将品牌的特性完美展现。比较典型的案例就是"水果侠"主题乐园,这类视频内容非常适合"发起挑战",因为会吸引很多用户共同参与创作。在此案例的推广期间,挑战话题"被玩坏的魔性神曲水果侠"排在热门挑战的第 2 位。

因此,在内容上创作上,运营者也可以做个演技派,采用歌曲演绎、自创内容演绎和分饰多角等拍摄手法,将音乐变成你的表演秀。"戏精"类内容适合想要塑造或者改变形象的企业。有些品牌,形象想要更年轻更鲜活更有趣更不一样。例如,抖音联合七大博物馆抖音企业号,推出"文物戏精"系列,偏正统、严肃的博物馆及展品,被赋予了鲜活的新形象,甚至成为"潮酷"的代表,重新塑造和定义了新的品牌意义,如图 4-13 所示。

第4章 营销推广：8大策略让你的作品火起来

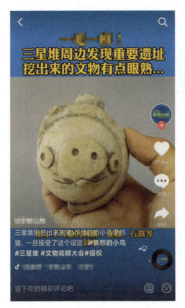

图4-13 "文物戏精"系列短视频

2. 特效类：品牌形象插入视频

运营者可以运用软件制作特效，将品牌形象或信息穿插入视频内容中，辅以震撼音效，直慑人心。特效类的典型案例就是《移动迷宫3》，抖音达人分别通过个性的手势动作，加入丰富的特效，穿插电影的预告信息。

如果运营者有Slogen、主题，希望充分表达的时候，可以借助达人的原生影响力与标签感，并运用各种特效来充分彰显品牌理念和主张。

3. 实物类：引发"带货"效应

运营者可以将实物产品软性植入到拍摄场景，或作为拍摄道具来直观展现，引发"带货"效应。例如，某汽车的案例，抖音达人通过在视频中加入某汽车的海报信息，以及在衣服上粘上WEY的车型标志，并搭配富有创意的舞蹈，毫无违和感，让视频有整体感。

再如，用户在视频中对"小爱同学"玩"调教play"，通过小米AI音箱的人性化AI功能，在自动识别用户的语音后，给出充满趣味性的回答，让人捧腹。更有人设计了一套"恶搞"问题的训练计划，让人工智能回答变得更有趣。当大家都在研究如何让"小爱同学"变成优秀的段子手时，"小爱同学"成为了小米AI音箱的代名词，也让其附带上二次元属性，成为最火的AI音箱，如图4-14所示。

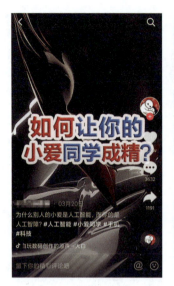

图 4-14 充满趣味的小爱同学

4.故事类：引发互动产生共鸣

运营者可以将产品或品牌信息用讲故事的手法，带入到特定的暖心接地气的短视频情境中，和用户产生情感共鸣，引发互动。比较典型的是口味王品牌的案例，抖音达人通过平淡暖心的叙事手法，将某品牌零食送给辛苦劳动者，让他们感受到温暖，从而传递出此品牌的亲民性。

不过，运营者做内容规划时需要考虑两个重点——内容的关联性和可持续性。

（1）内容的关联性。做出的内容要与品牌有一定的关联，品牌或产品要处于一个相对重要的地位。假如，一个登山装备的品牌，可以做一些喜剧类的视频，通过剧情的设定，巧妙地将产品作为关键道具植入，但是这种剧本故事的生产能力其实挺有难度，而且非常难持续生成，也就是下面说到的内容可持续性。

（2）内容的可持续性。每个产品的背后都有大量可诉说的技能、技术、知识，随着产品的技术迭代、新品上市，其实这种技能类、知识类的内容普通企业也是可以持续生产的。

第 5 章

商业变现：
7种方式彻底掌握赚钱秘诀

在短视频平台上，运营者除了要提供优质的内容外，还需要变现来实现自己的价值，达到最终目的。因为不管运营者的内容有多优质，都需要借助广告投放、直播、知识付费等手段来变现。同时，这样也可以帮助运营者获得更多用户的关注。

植入广告变现，5 大类型分析

不管是传统媒体还是新媒体，最常见到的宣传推广手段基本都是广告。比如，以前经常看到的报纸广告、杂志广告、电视广告及街边的广告纸，或者是现在的互联网平台广告、兴起的短视频自媒体广告，都是一些品牌商和广告主利用平台来进行商品推广的地方。笔者本节就来讲解那些比较常用的广告植入类型，分析它们的优劣势。

1. 品牌贴片广告

贴片广告是通过展示品牌本身来吸引大众注意的一种比较直观的广告变现方式，它一般出现在片头或者片尾，紧贴着视频内容。图 5-1 所示为小米电视的贴片广告案例，品牌信息一目了然。

图 5-1　贴片广告

这种贴片广告一般都是放在广告的末尾，也就是广告快要结束的时候会停留几秒的画面，这种视频广告是用得最多的一种。

贴片广告的优势有很多，这也是它比其他广告形式更容易受到广告主青睐的原因，其具体优势包括：

（1）明确到达：想要观看视频内容，贴片广告是必经之路。

（2）传递高效：和电视广告相似度高，信息传递更为丰富。

（3）互动性强：由于形式生动立体，互动性也更加有力。

（4）成本较低：不需要投入过多的经费，播放率也较高。

（5）可抗干扰：广告与内容之间不会插播其他无关内容。

2. 品牌植入广告

在短视频中植入广告，即把短视频内容与广告结合起来，一般有两种形式：一种是硬性植入，不加任何修饰，硬生生地植入视频之中；另一种是创意植入，即将短视频的内容、情节很好地与广告的理念融合在一起,不露痕迹,让观众不容易察觉。相比较而言,很多人认为第二种创意植入的方式效果更好,而且接受程度更高。

图 5-2 所示为抖音 APP 发布的创意广告。抖音 APP 的口号是"记录美好生活",这条抖音的宣传广告是围绕我们生活的点点滴滴展开的,比如,可以在飞船中通过抖音和孩子联系,或者可在野外拍摄掠过蓝天的鸟群,其实这个广告中宣传的内容都是与他的口号有关的。

图 5-2 抖音 APP 宣传广告

图 5-3 所示为快手短视频平台的宣传广告,它的口号是"快手短视频,记录世界,记录你",主要宣传的就是快手 APP 可以随时随地,想拍就拍的分享功能。这个宣传广告的视频内容也是围绕这个平台口号来做的。

图 5-3 快手 APP 宣传广告

在短视频领域中,广告植入的方式除了可以从"硬"广和"软"广的角度划分,还可以分为台词植入、剧情植入、场景植入、道具植入、奖品植入及音效植入等植入方式,如图 5-4 所示。

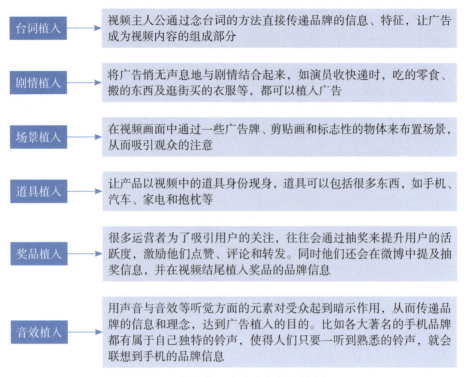

图 5-4　视频植入广告的方式举例介绍

3. 品牌专属广告

品牌专属广告的意思就是以品牌为中心，为品牌和企业量身定做的专属广告。这种广告形式从品牌自身出发，完全是为了表达企业的品牌文化、理念而服务，致力于打造更为自然、生动的广告内容。这样的广告变现更为高效，因此其制作费用相对而言也比较昂贵。

某抖音达人围绕"真皮数码"打造了一则视频广告，为"真皮数码"在抖音平台发布的短视频广告示例，这种类型是直接将抖音 IP 名字选用京东店铺的名字，以此来为自家店铺引流，如图 5-5 所示。

还有一些运营者会在短视频中通过 Vlog 的形式记录为店铺挑选新品的过程，然后通过参与话题活动"#vlog 日常""#1111 抖音好物发现节"，整个视频广告都围绕"穿搭"展开，自带话题性，吸引用户眼球。当视频展示一段时间后，适合植入引导用户购买的更清晰的链接，短时间内就收到了上万的用户点赞。

像用这种方法宣传品牌广告的还有很多，大多都是其平台和淘宝一体的，只不过他们抖音平台的账号名字和淘宝店铺名字有些是不一样的。

第 5 章　商业变现：7 种方式彻底掌握赚钱秘诀

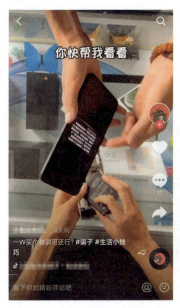 

图 5-5　"真皮数码"打造的品牌广告

在这样的情况下，想要让用户购买和实现短视频营销变现也就更容易了。由此可见，品牌广告的变现能力是相当高效的。与其他形式的广告方式相比，针对性更强，受众的指向性也更加明确。

4. 浮窗 Logo

浮窗 Logo 在电视节目中经常可以见到，以某综艺为例，右下角是某品牌的浮窗 Logo，如图 5-6 所示。浮窗 Logo 在短视频领域应用得比较少，可能是因为广告性质过于强烈，受到相关政策的限制。

图 5-6　某综艺的浮窗 Logo

以开设在浙江卫视的综艺节目《王牌对王牌》为例，由于 vivo 给这个综艺节目赞助了，因此视频节目的右下角也设置了浮窗 Logo，如图 5-7 所示。Logo 和节目名字的双重结合，不影响整体视觉效果。

图 5-7 《王牌对王牌》的浮窗 Logo

浮窗 Logo 是广告变现的一种巧妙形式，同样它也是兼具优缺点的，那么具体来说，它的优点和缺点分别是什么呢？笔者进行了总结归纳，如图 5-8 所示。

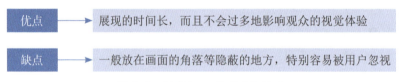

图 5-8 浮窗 Logo 的优点和缺点

由此可见，浮窗 Logo 的优点也是它的缺点，具有两面性，但总的来说，它还是不失为一种有效的变现方式。运营者如果想要通过广告变现获得收益，不妨可以试试这一利弊兼具的模式。

5. 冠名商广告

冠名商广告，顾名思义，就是在节目内容中提到名称的广告，这种打广告的方式比较直接，相对而言较生硬，主要的表现形式有 3 种，如图 5-9 所示。

在短视频中，冠名商广告同样也比较活跃，一方面企业可以通过资深的自媒体人（"网红"）发布的短视频打响品牌、树立形象，吸引更多忠实客户；另一方面短视频平台和运营者可以从广告商方面得到赞助，双方成功实现变现。图 5-10 所示为某抖音账号发布的短视频，画面中展示了多个品牌标识。

第5章 商业变现：7种方式彻底掌握赚钱秘诀

冠名商广告 → 表现
- 片头标板：节目开始前出现"本节目由××冠名播出"
- 主持人口播：每次节目开始时说"欢迎大家来到××"
- 片尾字幕鸣谢：出现企业名称、Logo、"特别鸣谢××"

图5-9 冠名商广告的主要表现形式

图5-10 "探苏州"短视频的冠名商广告

▶ 专家提醒

需要注意的是，冠名商广告在短视频领域的应用还不是很广泛，原因有两点，一是投入资金比例大，因此在选择投放平台和节目的时候会比较慎重；二是很多有人气、有影响力的短视频自媒体人不愿意将冠名商广告放在片头，而是放在片尾，目的是不影响自己视频的品牌性。

通过电商变现，用买卖赚收益

对于短视频运营者来说，最直观有效的盈利方式当属销售商品或服务变现了。借助抖音、快手等平台销售产品或服务，只要有销量，就有收入。具体来说，用产品或服务变现主要有5种形式，

93

本节将分别进行解读。

1. 建立自营店铺

快手和抖音最开始的定位是一个方便用户分享美好生活的平台，而随着商品分享、商品橱窗（快手小店）等功能的开通，快手和抖音开始成为一个带有电商属性的平台，并且其商业价值也一直被外界所看好。

对于拥有淘宝等平台店铺和开设了抖音小店（快手小店）的运营者来说，通过自营店铺直接卖货无疑是一种十分便利有效的变现方式。运营者只需在商品橱窗中添加自营店铺中的商品，或者在短视频中分享商品链接，其他用户便可以点击链接购买商品，如图5-11所示。商品销售出去之后，运营者便可以直接获得收益。

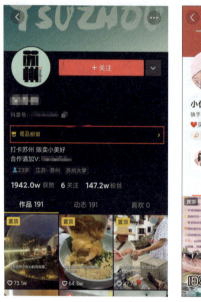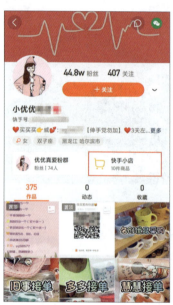

图5-11　点击链接购买商品

2. 图书出版变现

图书出版，主要是指短视频运营者在某一领域或行业经过一段时间的经营，拥有了一定的影响力或者有一定经验之后，将自己的经验进行总结，进行图书出版，以此获得收益的盈利模式。

短视频原创作者采用出版图书这种方式去获得盈利，只要抖音短视频运营者本身有基础与实力，那么收益还是很乐观的。例如，抖音号"手机摄影构图大全"的运营者便是采取这种方式获得盈利的。该运营者通过抖音短视频、微信公众号、

第 5 章　商业变现：7 种方式彻底掌握赚钱秘诀

今日头条等平台积累了 30 多万粉丝，成功塑造了一个 IP。图 5-12 所示为"手机摄影构图大全"的抖音个人主页及相关短视频。

因为多年从事摄影工作，"手机摄影构图大全"运营者结合个人实践与经验，编写了一本手机摄影方面的图书，如图 5-13 所示。

图 5-12　"手机摄影构图大全"的抖音个人主页

图 5-13　"手机摄影构图大全"编写的摄影书

该书出版之后短短几天，单单"手机摄影构图大全"这个抖音号售出的数量便达到了几百册，由此不难看出其欢迎程度。这本书之所以如此受欢迎，除了内容对读者有吸引力之外，与"手机摄影构图大全"这个 IP 也是密不可分的，部分抖音用户就是冲着"手机摄影构图大全"这个 IP 来买书的。

95

另外，当图书作品火爆后，还可以通过售卖版权来变现，小说等类别的图书版权可以用来拍电影、拍电视剧或者网络剧等，这种收入相当可观。当然，这种方式可能比较适合那些成熟的短视频团队，如果作品拥有了较大的影响力，便可进行版权盈利变现。

3. 微商卖货变现

微信卖货和直接借助抖音平台卖货，虽然销售的载体不同，但有一个共同点，那就是要有可以销售的产品，最好是有自己的代表性产品。而微商卖货的重要一步就在于，将用户引导至微信等社交软件。

将用户引导至社交软件之后，接下来便可以通过将微店产品链接分享至朋友圈等形式，对产品进行宣传，如图 5-14 所示。只要用户主动购买商品，运营者便可以此赚取收益。

图 5-14 微信朋友圈宣传产品

4. 提供优质服务

这里的服务，指的是对方通过够买你提供的内容，来解决他的问题。图 5-15 所示为某抖音号的相关界面，可以看到该抖音号就是通过提供课程和相关教材服务的方式进行变现的。

5. 赚取平台佣金

只要抖音账号开通了商品橱窗和商品分享功能，便可以通过引导销售获得收益。当然，在添加商品时，运营者可以事先查看每单获得的收益。以童装类商品为例，抖音电商运营者可以直

图 5-15 通过提供服务进行变现

第 5 章　商业变现：7 种方式彻底掌握赚钱秘诀

接搜索童装，查看相关产品每单可获得的收益。如果想要提高每单可获得的收益，还可以点击"佣金率"按钮，让商品按照获取佣金的比率进行排列，如图 5-16 所示。

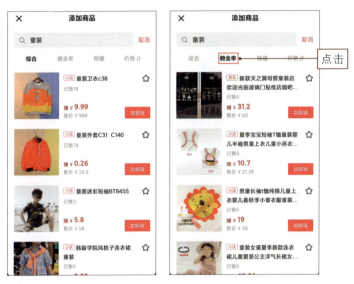

图 5-16　添加商品时查看每单的收益

商品添加完成之后，用户点击商品橱窗中的商品或短视频的商品链接，购买商品，运营者便可获得收益。运营者可以通过在"商品橱窗"界面中点击"佣金收入"按钮，进入"佣金收入"界面中查看获取的佣金，如图 5-17 所示。

图 5-17　查看佣金收入

通过直播变现,主要方式分析

现在电商直播也是卖货非常厉害的一个功能,只要作品上热门了,此时主播抓住机会就可以开始直播卖货。随着直播的开始,对你感兴趣的人会源源不断地进入直播间,听主播推荐产品。

1. 两大变现手段

对于有直播技能的主播来说,最主要的变现方式就是通过直播来赚钱了。开直播变现主要有两种形式,一是获取粉丝礼物;二是引导产品销售。下面,笔者就来分别进行说明。

1)获取粉丝礼物

粉丝在观看主播直播的过程中,可以在直播平台上充值购买各种虚拟的礼物,在主播的引导或自愿送礼物给主播,主播可以从中获得一定比例的提成及其他收入。

这种变现方式要求主播具备一定的语言和表演才能,而且要有一定的特点或人格魅力,能够将粉丝牢牢地"锁在"自己的直播间,还能够让他们主动花费钱财购买虚拟礼物。

在许多人看来,直播就是在玩,毕竟某些直播确实只是一种娱乐。但是,不可否认的一点是,只要玩得好,玩着就能把钱给赚了。因为主播可以通过直播获得粉丝的打赏,而打赏的这些礼物又可以直接兑换成钱。

当然,要通过粉丝送礼,玩着就把钱赚了,首先需要主播拥有一定的人气。这就要求主播自身要拥有某些过人之处,只有这样,才能快速积累粉丝。

其次,在直播的过程中,还需要一些所谓的"水军"进行帮衬。在某些直播间,粉丝都是扎堆送礼物的,之所以会出现这种情况,"水军"功不可没的。

这主要是因为很多时候,人都有从众心理,所以,当有"水军"带头给主播送礼物时,其他人也会跟着送,这就在直播间形成了一种氛围,让看直播的其他受众在压力之下,因为觉得不好意思或是觉得不能白看,也跟着送礼物。

2)引导产品销售

通过直播,主播可以获得一定的流量。如果短视频运营者能够借用这些流量进行产品销售,让用户边看边买,直接将主播的粉丝变成店铺的潜在消费者。而且相比于传统的图文营销,这种直播导购的方式可以让用户更直观地了解产品,取得的营销效果往往更好一些。

一场成功的购物直播是需要刻意策划的，关于直播前的准备，大致可以从3个角度去出发。

第一，提前做好内容策划，也就是主题策划。主题的策划要与商品相关，也可以结合节日热点来策划，总之主播的主题要凸显自己的目的及本场直播能给用户带来的好处。

第二，预热和物料准备。确定了直播主题，有经验的主播会在正式直播卖货前进行预热，因为直播前的预热对直播转化的效果十分明显。这里的预热分为视频预热和活动预热。

视频预热就是提前拍摄一些与产品相关的视频做预热。例如，主播可以拍摄挑选带货产品的全过程，也可以拍摄该商品的生产过程，甚至主播和商家砍价的过程都可以拍摄。接下来是活动预热，主播发完视频后，可以在评论区引导用户互动，提前把产品免费送给点赞最多的粉丝，然后在签名或者直播时，提前告知用户直播卖货的具体时间。另外，在直播前期除了直播背景的布置和商品链接的准备以外，主播还要准备好展示商品所用的道具，以及提前了解商品底价清单和库存数量。在准备前，主播可以拉一个清单，完成一项打一个钩，避免遗漏。

第三，熟知商品卖点。直播卖货本质是货，即使粉丝信任感再强，如果所推的商品对方不需要，主播就是喊破喉咙也卖不动。所以，主播在直播前一定要了解商品的所有信息，除了商品的价值和卖点，还可以挖掘商品背后的故事。

举个例子，主播卖的是一款粉底液，那么直播时就可以告诉大家自己是怎么发现这款粉底液的，以及这款粉底液使用前后的感觉等。有时，主播讲故事比直接讲卖点更打动人心，当然最好是将两者结合起来。

当然，主播选择的产品也需要进入抖音内容库，而且要与直播链接的商品保持一致，否则会引发平台警告。毕竟平台要对商品的质量负责，不是所有的产品都能在直播时销售。

2.3 大卖货原则

在直播卖货时，主播需要遵循一定的原则，具体如下。

（1）热情主动。同样的商品，为什么有的主播卖不动，有的主播简单几句话就能获得大量订单？当然，这可能与主播自身的流量有一定的关系，但即便是流量差不多的主播，同样的商品销量也可能会出现较大的差距。这很可能与主播的态度有一定的关系。

如果主播热情主动地与用户沟通，让用户觉得像朋友一样亲切，那么用户自然愿意为主播买单；反之，如果主播对用户爱答不理，让用户觉得自己被忽视了，那么他们连直播都不太想看，更不用说去购买直播中的产品了。

（2）保持一定频率。俗话说得好："习惯成自然。"如果主播能够保持一定的直播的频率，那么忠实用户便会养成定期观看的习惯。这样，主播将获得越来越多的忠实用户，同时他们贡献的购买力自然也会变得越来越强。

（3）为用户谋利。每个人都会考虑到自身的利益，用户也是如此。如果主播能够为用户谋利，那么他们就会支持你，为你贡献购买力。

例如，某网红曾经因为某品牌给他的产品价格不是最低，让粉丝买贵了，于是就向粉丝道歉，并让粉丝退货。此后，主动停止了与该品牌的合作。虽然该网红此举让自己蒙受了一定的损失。但是，却让粉丝看到了他在为粉丝谋利，于是他之后的直播获得了更多粉丝的支持。

当然，为用户谋利并不是一味地损失主播自身的利益，而是在不过分损失自身利益的情况下，让用户以更加优惠的价格购买产品，让他们看到你在为他们考虑。

3.3 大卖货技巧

直播卖货不只是将产品挂上链接，并将产品展示给用户，而是通过一定的技巧提高用户的购买欲望。那么，直播卖货有哪些技巧呢？主播可以从以下3个方面进行考虑。

（1）不要太贪心。虽然产品的销量和礼物的数量与主播的收入直接相关，但是，主播也不能太过贪心，不能为了多赚一点钱，就把用户当成韭菜。当主播把抖音用户当韭菜时，也就意味着他会因此损失一批忠实的粉丝。

（2）积极与用户互动。无论是买东西，还是刷礼物，用户都会有自己的考虑，如果主播达不到心理预期，他们很可能也不会买单。那么，如何达到用户的心理预期呢？其中一种比较有效的方法就是与用户的互动，一步步地进行引导。

（3）亲身说法。对于自己销售的产品，主播最好在直播过程中将使用的过程展示给用户，并将使用过程中的良好感受也分享给他们。这样，用户在看直播的过程中，会对主播多一分信任感，也会更愿意购买主播推荐的产品。

4.4 大万全之策

一场卖货直播之所以能够获得成功，与前期的准备有很大的关系。在直播之前，主播必须做好3个方面的准备，具体如下。

（1）了解直播的内容。在直播之前，主播必须对直播的具体内容进行了解。特别是对于一些不太了解的内容，一定要对直播的内容及相关的注意事项烂熟于心。不然，很可能会被用户问得哑口无言，直接影响直播的效果。

（2）物料的准备。在直播之前，主播需要根据直播的内容进行检查，看看产品的相关样品是否到位。如果缺了东西，必须及时告知相关的工作人员。不要等到要用时才发现东西没有到位。

（3）熟悉产品卖点。每款产品都有它的卖点，主播需要充分了解产品的卖点。产品的卖点是打动抖音用户的重要砝码，只有宣传的卖点是用户需要的，他们才愿意购买该产品。对此，主播也可以在直播之前，先使用一下产品，并据此提炼出一些能打动产品的卖点。

（4）做好直播预热。在正式开始直播之前，主播需要先做一个短期的预热。在此过程中，主播需要通过简短的话语勾起用户看直播的兴趣。有必要的话，可以根据直播内容，制造一些神秘感。

通过场景变现，开启多元带货

即便是相同的产品，如果场景不同，用户的购买欲望也会有所不同。那么，如何通过多元化的场景，更好地实现带货变现呢？

笔者认为必须重点做好两点，一是通过场景表达主题，二是将产品作为道具融入场景。

1. 通过场景表达主题

产品不仅是短视频主题服务的对象，同时也是短视频的核心。就像在电影、电视剧中植入产品广告一样，电影和电视剧要表达的核心内容才是主题，即便是植入广告，也要尽可能地和主题有所关联。

在制作短视频时，运营者需要先确定主题，然后根据主题策划内容，并将产品融入视频中。因此，通过场景表达的主题应该与你的产品具有一定的相关性，不然产品很难融入视频中。

如果运营者要表达的主题是展示舞蹈，那么可以穿上店铺中销售的服装展示跳舞的场景；如果运营者要表达的主题是怎么做好一道美食，那么可以将店铺中销售的食品当成烹饪的食材，用店铺中销售的厨具进行烹饪，展现烹饪的场景。

图5-18所示为"××的那些事"抖音号,该运营者就是通过长沙时空魔方的场景来吸引游客的。

图5-18　通过场景表达主题

2. 道具融入场景之中

图5-19所示为DIY小礼物的短视频,该运营者将DIY的小礼物作为道具融入各种场景中。因为这种小礼物本身就比较有特色,再加上视频内容也比较有趣,所以,该视频很快就吸引了许多用户。

图5-19　将产品作为道具融入场景

因此，短视频运营者将产品作为道具融入场景，可以更好地凸显产品的优势，刺激用户的购买需求。同时，因为这种融入能够从一定程度上弱化营销的痕迹，所以，用户很少表现出反感情绪。

通过内容变现，产品快速脱销

什么样的内容容易变现？本节给大家推荐抖音平台最容易变现的内容，帮大家把产品卖到脱销。

1. 推荐优质产品

有不少朋友被抖音种草号的内容所吸引，然后激发出了需求。尤其是有很多人在留言评论区都在说已下手的时候，某些用户自己虽然没多少钱，但是情不自禁地"剁手"了。

运营者做这类视频，需要具备良好的选品眼光，就是说运营要知道哪些产品受人喜欢，并且大部分用户都用得着、买得起。总之，运营者选的产品方向，一定是越垂直越好。例如，推荐服装类、玩具类或者生活类等。

运营者做种草号的根本是好产品。哪怕运营者短视频拍得很好，但是如果选择的商品不符合用户需求，短视频就算有再多人看也无济于事，没有销售转化的内容就无法获得收益，运营者也就无法完成自己的目标。

抖音产品选择有7个原则，分别是新、奇、特、展、利、品、高。笔者先说新、奇、特。此处的"新"，指的是新鲜感，也就是某产品用户不常见；"奇"指的是有创意，让用户感到意外；"特"指的是特别，完全颠覆了用户的固有常识。

其实，抖音上卖的大部分爆款商品，都符合"新""奇""特"原则。例如，图5-20所示的短视频中展示的可爱手机壳，就是我们生活中比较少见的，而且是让人感觉很有创意的产品。因此，许多抖音用户在看到该短视频之后，马上就对短视频中的可爱手机壳心动了。

"展"指的是用短视频展示商品的使用场景，这一点很重要，运营者在选择商品时，需要思考如何把它的优点在使用场景中展现出来。

"利"指的是利润，运营者做种草号一定是追求利润最大化，所以，在选择商品时，运营者除了看这个商品的佣金，还要看这个商品的往期销量。

图5-20 展示可爱手机壳

另外,在抖音不适合卖高客单价(per customer transaction,顾客平均购买商品的金额)的商品,只要入手价格超过60元,销售转化率就会特别低。因为抖音用户都很机灵,只要商品价格一高,就一定会去其他平台比价。如果某些用户真的有需求,多半也是在其他平台成交,而不会选择在抖音橱窗里购买。

"品"指的是品质,这是好商品的及格线。运营者挑选的商品质量一定要过关,不能以次充好。一般来说,运营者在挑选商品时,都会先看评价,如果产品评价比较差,即使佣金再高也不能卖。因为这是关于一个做人标准的问题,而且也直接影响用户的信任感。我们不能消耗抖音用户的信任,毕竟要做长期的生意。

"高"也就是高频刚需的产品。为什么某日用品公司可以屹立一百多年不倒,成为全球最大的日常消费品公司?因为该公司许多品牌商品对用户来说都极其高频刚需的,而这些高频刚需的商品往往售价低廉,一旦商品戳中用户的点,用户就很容易做出购买决策。

最后,笔者总结了两个选品技巧:一是选产品时一定要先参考同行数据,看他们此类产品销量如何,销量好的产品可以快速跟进,并在此基础上做出差异化的内容;二是运营者选择的产品,一定要满足"新""奇""特"原则。

2. 测评相关产品

抖音测评类账号比较多,例如,抖音头部"老爸测评"这个千万级别的账号,

第5章 商业变现:7种方式彻底掌握赚钱秘诀

就是挑粉丝感兴趣的产品,主要测试使用效果、成分、质量和性价比等,并在测试的同时,为抖音用户提供安全、放心的产品,如图5-21所示。

图5-21 "老爸测评"发布的短视频和相关商品详情

当然,运营者不用做得那么专业,可以选择"大V"还没有测评的小领域,做简单测评。比如,测评线上课,衡量课程的收获及知识点丰不丰富等。值得注意的是,测评原则讲究的是保持中立的态度,这一点运营者一定要谨记在心。

通过产品变现,刺激购买欲望

产品带货变现和个人品牌有一些牵连,它既属于产品带货变现,也属于个人品牌的打造。那么,运营者又该怎样刺激用户的购买欲望,实现产品带货变现呢?这一节,笔者就来具体进行分析。

1. 产品新颖玩法

如果运营者的产品有一些与众不同的新颖玩法,那么很容易就能吸引用户的注意力。例如,百事可乐瓶身经常会有激励或搞笑的文字,以吸引用户购买该产品,如图5-22所示。

图 5-22 产品的新颖玩法

2. 增加趣味内容

不管运营者做任何内容，都要增加一些有趣的点。因为用户在刷短视频时，一般都是比较无聊的。此时，如果运营者的视频内容比较具有趣味性，那么该视频自然就会更受用户的欢迎。

哪些类型的产品适合在抖音卖货变现呢？

（1）服装类。在抖音上服装很容易实现变现，只要服装在视频中的上身效果好，价格又能让人接受，就比较容易卖出去。

（2）景区、旅游类。抖音上有很多火爆的景区，深受抖音用户的欢迎。因为景区本身就有一定的旅游资源，再加上作为一种风景，可以直接在短视频中进行展现。因此，视频拍出来之后，很容易就能吸引大量抖音用户。

（3）美食类。俗话说得好："民以食为天。"与吃相关的东西，很容易引起人们的关注。而美食通常又具有色相好、口碑好等特点。所以，许多用户看到一些美食之后就垂涎欲滴，恨不得马上去尝尝味道。

（4）知识付费类。这类产品本身就具有一定的专业性，再加上部分用户比较爱学习，所以，知识付费类的产品也比较容易吸引精准用户。

以上 4 类产品，在短视频平台上都比较容易实现卖货变现，有时运营者只要拍一下产品，也许就能把产品卖出去。但是，在产品变现的过程中，运营者千万要记住，不要直接上来说这个产品多少钱、在哪里买，这样很容易引起用户的反感。运营者可以围绕产品做周边内容，刺激用户的购买欲望。

通过流量变现，引诱粉丝买账

主流短视频平台是一个流量巨大的平台，而对于运营者来说，将吸引过来的流量进行变现，借粉丝的力量变现也不失为一种不错的生财之道。

流量变现的关键在于吸引用户观看短视频，然后通过短视频内容引导用户，从而达成自身目的。一般来说，流量变现主要有两种方式，这一节笔者将分别进行解读。

1. 设置粉丝路径

要想实现引流变现，必须设置便捷的粉丝路径，让用户明白怎样进入你的流量池。就像把大河里的鱼引导到自己的流量池里一样，必须将引导路线理清，让鱼儿能够直接从大河里游进你的流量池。

例如，运营者可以在抖音主页中留下需要引流的平台账号。要把粉丝引导至微信，就留下微信号；要把粉丝引导至微博，就留下微博号。图 5-23 所示的两个抖音号在这方面就做得很好。

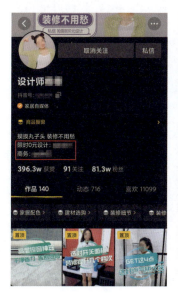

图 5-23 根据平台设置粉丝路径

2. 设置引诱点

怎样让抖音粉丝根据你设置的路径进入目标平台呢？其中一种有效的方法就是设置引诱点，让用户心甘情愿成为你私域流量池中的一员。当然，在设置引诱点时也需要注意，引诱点的吸引力对引流的效果往往起到了决定性的作用。你设置的引诱点用户越感兴趣，就越容易引导用户进入私域流量池。

　　有的抖音企业号通过在主页设置优惠活动入口，这就是将"优惠"作为引诱点，吸引抖音粉丝进入对应平台，从而实现卖货变现。图 5-24 所示为某品牌官方抖音号，它在"查看详情"超链接中添加了"新人可享免费原味圣代"的广告词，以此为引诱点，吸引用户下载该品牌的 APP。

图 5-24　某品牌官方抖音号

第6章

快手引流：
9个技巧实现粉丝流量暴涨

对于快手运营者来说，无论是吸粉还是粉丝的黏性，都非常重要。

这一章笔者就通过对粉丝运营相关内容的解读，帮助快手运营者提高粉丝运营能力，更好地与快手用户形成紧密的联系。

原创视频引流，对用户的吸引力要更大

相比搬运过来的视频，原创视频对快手用户的吸引力更大一些，而其引流效果自然也会更好一些。纵观快手平台上的大号，可以说没有一个账号是靠搬运别人的视频火起来的。即便是有的视频套用了他人的某个视频，但在套用之余也会加入自己的原创内容。

这一点很好理解，毕竟快手用户都希望看到新奇的视频内容。如果运营者的短视频是搬运过来的，而快手用户在此之前又看过相同的视频，那么该短视频对他（她）来说就没有了吸引力。没有吸引力的视频能获得的流量自然也就有限了。

通过发布原创短视频引流对于从事主播的人群来说尤其重要。如果你的视频不是原创的，很可能会让快手用户产生疑惑，甚至是觉得你在骗人。

例如，许多游戏主播经常会在快手平台分享自己的游戏视频，而这些视频中又能看到主播游戏 ID，同时直播时也能看到主播的游戏 ID，如图 6-1 所示。因此，如果主播直播时的 ID 与分享的短视频不一致，快手用户就会觉得你的视频可能不是原创的。在这种情况下，很可能就会出现流量的快速流失。

图 6-1 短视频和直播中可以看到主播的游戏 ID

视频封面引流，让观众看了封面就想点

与抖音直接滑动手机屏幕就能查看下一个视频不同，在快手中要查看一个视频，需要点击该视频的封面，并且也不能通过滑动屏幕直接查看下一个视频。用户登录快手之后就能在"发现"界面中看到许多视频封面，如图6-2所示。不仅如此，快手用户进入某个快手号主页查看其作品时，看到的也是视频的封面，如图6-3所示。因此，许多快手用户都会根据视频封面来决定要不要点击查看视频。

图6-2 "发现"界面

图6-3 某快手号主页界面

在这种情况下，如果你的视频封面对快手用户的吸引力比较强，快手用户自然会愿意点击查看。因此，通常来说，视频封面越有吸引力，其引流能力就越强。那么，如何让视频封面更具吸引力呢？笔者认为可以重点做好以下两个方面的工作：

（1）注重封面的整体美观性，让封面看起来很舒服。

（2）将视频的重点信息和亮点通过醒目的文字显示出来，让快手用户看到视频的价值。

作品推广引流，付费引流更快实现目标

快手短视频发布之后，运营者可以通过快手的"作品推广"功能为视频进行引流。所谓"作品推广"，实际上就是通过向快手官方支付一定金额的方式，让快手平台将你的短视频推送给更多快手用户。那么，快手"作品推广"功能要如何使用呢？接下来，笔者就来介绍具体的操作步骤。

步骤 01 登录快手短视频 APP，点击"发现"界面左上方的 ≡ 按钮，操作完成后，弹出快手菜单栏。点击菜单栏中的账号头像，进入快手个人主页界面，选择需要进行"作品推广"的短视频，如图 6-4 所示。

步骤 02 进入短视频播放界面，❶ 点击视频播放界面中的 ⋯ 按钮；❷ 在弹出的列表框中选择"作品推广"选项，如图 6-5 所示。

图 6-4 快手个人主页

图 6-5 选择"作品推广"选项

步骤 03 进入"作品推广"界面，快手运营者可以根据推广目的，在"把作品推荐给更多人"和"推广给粉丝"之间进行选择，以"把作品推荐给更多人"为例，快手运营者点击"作品推广"界面中的"把作品推广给更多人"按钮即可，如图 6-6 所示。操作完成后，进入"推广给更多人"界面，如图 6-7 所示。

第 6 章 快手引流：9 个技巧实现粉丝流量暴涨

图 6-6 "作品推广"界面　　　　图 6-7 "推广给更多人"界面

在该界面中，快手运营者可以对期望增加的数据、投放人群、投放时长、投放页面和投放金额等内容进行选择。选择完成后，只需支付对应的快币，便可完成作品推广的投放设置。

话题标签引流，获得更多平台曝光机会

话题标签引流这种方式抖音和快手都有，它最大的作用是开发商业化产品，快手平台运用了"模仿"这一运营逻辑，实现了品牌最大化的营销诉求。

当然，参加话题挑战的关键就在于找到合适的话题。那么如何找到合适的话题呢？笔者认为有两种方法，一种是从热门内容中选择话题，另一种是在刷视频的过程中选择合适的话题。

1. 从热门内容中选择话题

快手运营者可以进入快手搜索界面，查看"热榜"内容；❶ 点击其中的某项内容，如图 6-8 所示；操作完成后，进入该内容的"标签"界面，❷ 点

113

击对应的标签,如图6-9所示。

图6-8 快手搜索界面　　图6-9 某内容的"标签"界面

进入该话题标签界面,其中会出现与该话题标签相关的热门和最新短视频,如图6-10所示。快手运营者只需点击某个视频,便可以进入视频播放界面,查看相关视频的内容,如图6-11所示。

快手运营者可以根据该话题中相关视频的内容总结经验,然后据此打造带有热门话题标签的视频,从而提高自身内容的吸引力,增强

图6-10 话题标签界面　　图6-11 查看对应的视频

内容的引流推广能力。

2. 在刷视频的过程中选择话题

有的视频中会带有话题标签,快手运营者如果想打造相关视频,只需点击对应的话题标签即可。图6-12所示为某快手短视频界面,点击"王者荣耀女神节"话题标签,便可进入"王者荣耀女神节"话题界面,如图6-13所示。

图6-12 点击话题标签

图6-13 话题界面

3. 参与快手挑战赛

根据数据来看,参加快手挑战赛的引流营销模式是非常可观的,但是参加快手挑战赛需要注意以下3点规则:

(1)在挑战赛中,快手运营者越少露出品牌,越贴近日常挑战内容话题文案,播放量越可观。

(2)对于快手运营者而言,首发视频可模仿性越容易,全民的参与度才会越高,才能更轻松地引流。

(3)快手参加挑战赛,快手的信息流会为品牌方提供更多的曝光,带来更多的流量,加上通过流量可以累积粉丝、沉淀粉丝和更容易被用户接受等一些附加价值。

快手直播引流，短期内获取大量的流量

在互联网商业时代，流量是所有商业项目生存的根本，谁可以用最少的时间获得更高更有价值的流量，谁就有更大的变现机会。

真人出镜的要求比较高，首先运营者需要克服心理压力，表情要自然和谐，同时最好有超高的颜值或才艺基础。因此，真人出镜通常适合一些"大V"打造真人IP，积累一定数量的粉丝后，就可以通过接广告、代言来实现IP变现。

对于普通人，在通过短视频或直播引流时，也可以采用"无人物出镜"的内容形式。这种方式粉丝增长速度虽然比较慢，但可以通过账号矩阵的方式来弥补，以量取胜。下面介绍"无人物出镜"的具体操作方法。

1. 真实场景 + 字幕说明

发布的直播内容可以通过真实场景演示和字幕说明相结合的形式，将自己的观点全面地表达出来，这种直播方式可以有效避免人物的出现，同时又能将内容完全展示出来，非常接地气，自然能够得到大家的关注。

2. 图片 + 字幕（配音）

运营者可以将自己的直播过程录制下来，然后采用"图片 + 字幕（配音）"的形式重新剪辑，制作成短视频发布。

3. 图片演示 + 音频直播

通过"图片演示 + 音频直播"的形式，可以与学员实时互动交流。用户可以在上下班路上、休息间隙、睡前、地铁上、公交上及上厕所时边玩APP边听课程分享，节约宝贵时间，带来更好的体验。

4. 游戏场景 + 主播语音

大多数快手用户看游戏类直播时，重点关注的可能还是游戏画面。因此，这类直播，直接呈现游戏画面即可。另外，一个主播之所以能够吸引快手用户观看直播，除了本身过人的操作之外，语言表达也非常关键。因此，"游戏场景 + 主播语音"就成为许多主播的重要直播形式。图6-14所示为两个采取"游戏场景 + 主播语音"形式的直播。

第 6 章 快手引流：9 个技巧实现粉丝流量暴涨

图 6-14 "游戏场景 + 主播语音"的直播形式

矩阵加互推，成倍快速增加粉丝流量

如果快手短视频运营遇到瓶颈——粉丝数量增长缓慢、掉粉数量日益增多等，可以尝试采用矩阵加互推的引流方案。

1. 账号互推

通过爆款大号互推的方法，即快手账号之间进行互推，也就是两个或者两个以上的快手运营者，双方或者多方之间达成协议，进行粉丝互推，达到共赢的目的。

相信大家在很多快手账号中曾见到过某一个快手账号会专门拍一个视频给一个或者几个快手账号进行推广的情况，这种推广就是快手账号互推。这两个或者多个快手账号的运营者会约定好有偿或者无偿为对方进行推广。

运营者在采用快手账号互推吸粉引流时，需要注意的一点是，找的互推快手账号平台类型尽量不要与自己的平台是一个类型的，因为这样运营者之间会存在一定的竞争关系。

两个互推的快手账号之间尽量以存在互补性的最好。例如，你的快手账号是

117

卖健身用品的，那么在选择互推时，就应该先考虑找那些推送减肥教程的快手账号，这样获得的粉丝才是有价值的。

快手账号之间互推是一种快速涨粉的方法，它能够帮助运营者的快手账号短时间内获得大量的粉丝，效果十分可观。

2. 矩阵账号

所谓快手营销矩阵，简单的理解就是将多个快手账号组合起来共同进行营销。具体来说，根据账号运营者的不同，快手矩阵大致可分为两类，一是个人矩阵；二是团队矩阵。

个人矩阵也就是一个运营主体（可以是个人，也可以是团队），同时运营多个快手账号。团队矩阵则是将有联系的快手运营者联合起来，共同进行营销。常见的团队矩阵包括家庭矩阵和企业团队矩阵。

例如，某公司在快手平台上有多个快手号，其中一个是"某官网"，另一个是"小爱同学"，如图6-15所示。这两个快手号的运营者本身都是某集团旗下的品牌，而且两个账号之间经常会进行一些互动。因此，在这两个账号的运营过程中，很容易形成一个企业矩阵。

图6-15 家庭矩阵

内容造势引流,让更多粉丝及时认识你

虽然一个企业或个人在平台上的力量有限,但这并不能否定其内容的传播影响力。要想让目标群体全方位地通过内容了解产品,比较常用的招式就是为内容造势。

1. 传播轰动信息

快手运营者给受众传递轰动、爆炸式的信息,借助公众人物来为头条号造势,兼具轰动性和颠覆性,立刻能够成功吸引用户的眼球。

在这个媒体泛滥的年代,想要从众多新颖的视频内容中脱颖而出,就要制造一定的噱头,用语出惊人的方式吸引受众的眼球。

2. 总结性的内容

扣住"十大"就是典型的总结性内容之一。所谓扣住"十大",是指在标题中加入"10大""十大"之类的词语,如《电影中五个自带BGM出场的男人》《2019年十大好电影推荐》等。此类视频标题的主要特点就是传播面广、在网站上容易被转载和容易产生一定的影响力。

3. 自制条件造势

除了可以借势外,在推广内容时还可以采用自我造势的方式,来获得更多的关注度,引起更大的影响力。任何内容运营推广,都需要两个基础条件,即足够多的粉丝数量和与粉丝之间拥有较为紧密的关系。

快手运营者要紧紧地扣住这两点,通过各种活动为自己造势,增加自己的曝光度,从而获得许多粉丝。为了与这些粉丝保持紧密关系,运营者可以通过各种平台经常发布内容,还可以策划一些线下的影响活动,通过自我造势带来轰动,引发观众围观。

总的来说,自我造势能够让消费者清晰地识别并唤起他们对产品的联想,并进行消费,可见其对内容运营推广的重要性。

扩大影响力,将粉丝变成你的推销员

对于快手运营者来说,个人(或运营团队)的力量毕竟有限。因此,在账号运营的过程中,运营者可以适当借助粉丝的力量,

让粉丝变成账号的推广员。当然，要想让粉丝变成账号的推广员，首先必须让粉丝对账号的运营工作产生认同感。那么，如何让粉丝对账号的运营工作产生认同感呢？笔者认为可以重点做好以下3点。

1. 及时回复粉丝私信

及时回复粉丝的私信，看起来只是一件很小的事情，但在粉丝看来却是很重要的。如果快手运营者在收到私信之后，马上就进行了回复，粉丝就会觉得自己受到了重视，甚至会觉得有些受宠若惊。在这种情况下，粉丝就会觉得受到了尊重，获得了尊重之后，粉丝自然会更乐于帮你进行推广。

2. 增强粉丝的信任感

快手运营者需要与粉丝建立好信任感，让粉丝觉得你的账号是值得推荐给其他人的。那么如何增强粉丝的信任感呢？笔者认为最主要的一点就是答应的事情一定要做到，让粉丝觉得你能说到做到。

3. 让粉丝看到你的价值

对于大多数快手用户来说，只有在其看来有价值的账号才值得被推荐。因此，在快手号的运营过程中，一定要让粉丝看到你的价值。例如，摄影类快手号应该分享一些优质的照片，让粉丝看后觉得赏心悦目；或者分享摄影技巧，让粉丝看后也能很快学会。如图6-16所示，该运营者经常发布家常菜的炒法，该账号的短视频不仅点赞量高，粉丝也经常转发。

图6-16　对粉丝有价值的短视频

第6章 快手引流：9个技巧实现粉丝流量暴涨

利用其他平台，积极拓展引流渠道

除了在快手内进行引流之外，快手运营者还可以通过跨平台引流，实现内容的广泛传播，获取更多目标用户。本节重点介绍快手运营者需要重点把握的4大引流平台。

1. 微信引流

微信平台引流主要可以从3个方面进行，一是微信聊天引流，二是朋友圈引流，三是公众号引流。下面分别进行说明。

（1）微信聊天引流

微信聊天功能既是一个重要的沟通工具，也是一个引流推广的渠道。在快手短视频平台中开设了分享功能，快手运营者可以利用该功能将短视频直接发送至微信聊天界面，从而达到引流推广的目的，具体操作步骤如下。

步骤01 在快手短视频平台中，进入需要分享的快手短视频播放界面，❶点击播放界面中的 按钮；操作完成后，弹出"分享至"弹窗；❷点击对话框中的"微信好友"按钮，如图6-17所示。

图6-17 播放界面

121

步骤 02 进入微信的"分享"界面,在该界面中点击需要分享的对象,操作完成后弹出"发送给:"对话框,点击对话框中的"发送"按钮,如图 6-18 所示。

步骤 03 操作完成后,微信聊天界面中如果出现快手分享链接,就说明快手视频分享成功了,如图 6-19 所示。分享对象只需点击快手链接便可进入快手短视频平台,播放对应的视频,这便达到了引流推广的目的。

图 6-18 点击"发送"按钮

图 6-19 出现快手分享链接

(2)朋友圈引流

对于快手运营者来说,朋友圈这一平台虽然一次传播的范围较小,但是从对接收者的影响程度来说,却是具有其他一些平台无法比拟的优势,具体如下:

1)用户黏性强,很多人每天都会去翻阅朋友圈。

2)朋友圈好友间的关联性、互动性强、可信度高。

3)朋友圈用户多,覆盖面广,二次传播范围大。

4)朋友圈内转发和分享方便,易于短视频内容传播。

那么,在朋友圈中进行抖音短视频推广,快手运营者该注意什么呢?在笔者看来,有 3 个方面是需要重点关注的,具体分析如下。

1)快手运营者在拍摄视频时要注意开始拍摄时画面的美观性。因为推送到朋友圈的视频,是不能自主设置封面的,它显示的就是开始拍摄时的画面。当然,运营者也可以通过视频剪辑的方式保证推送视频"封面"的美观度。

2）快手运营者在推广短视频时要做好文字描述。一般来说呈现在朋友圈中的短视频，好友看到的第一眼就是其"封面"，没有其他太多信息能让受众了解该视频内容。

因此，在短视频发送之前，要把重要的信息放上去，

图 6-20　做好重要信息的文字表述

如图 6-20 所示。这样的设置，一来有助于受众了解短视频；二来如果设置得好，可以吸引受众点击播放。

3）快手运营者利用短视频推广商品时要利用好朋友圈评论功能。朋友圈中的文本如果字数太多，会被折叠起来的，为了完整展示信息，运营者可以将重要信息放在评论中进行展示，如图 6-21 所示。这样就会让浏览朋友圈的人看到推送的有效文本信息。这也是一种比较明智的推广短视频的方法。

图 6-21　利用好朋友圈的评论功能

（3）公众号引流

从某一方面来说，微信公众号就是个人、企业等主体进行信息发布，并通过运营来提升知名度和品牌形象的平台。快手运营者如果要选择一个用户基数大的平台来推广短视频内容，且期待通过长期的内容积累构建自己的品牌，那么微信公众平台是一个理想的传播平台。

在微信公众号上，快手运营者如果进行快手视频和快手账号的推广，可以采用多种方式来实现。既可以在微信公众号中展示快手号的基本信息，也可以在微信公众号文章中插入快手短视频。图6-22所示便是以插入快手短视频的方式进行推广。

图6-22 在微信公众号中插入快手短视频

快手运营者在借助短视频进行推广时，并不局限于某一个短视频的推广，如果快手运营者打造的是有着相同主题的短视频系列，还可以把视频组合在一篇文章中联合推广，这样更有助于受众了解短视频及其推广主题。

2. QQ引流

腾讯QQ有两大推广利器，一是QQ群；二是QQ空间。先来看看QQ群如何做推广引流。

无论是微信群还是QQ群，如果没有进行设置"消息免打扰"，群内任何人发布信息，群内其他人是会收到提示信息的。因此，与朋友圈和微信订阅号不同，通过微信群和QQ群推广短视频，可以让推广信息直达受众，受众关注和播放的可能性也就更大。

此外，微信群和QQ群内的用户都是基于一定目标、兴趣而聚集在一起的，如果运营者推广的是专业类的视频内容，那么可以选择这一类平台。

另外，相对于微信群需要推荐才能加群而言，QQ明显更易于推广。目前，

QQ群分出了许多热门分类,快手运营者可以通过查找同类群的方式加入进去,然后通过短视频进行推广。QQ群推广方法主要包括QQ群相册、QQ群公告、QQ群论坛、QQ群共享、QQ群动态和QQ群话题等。

例如,利用QQ群话题来推广短视频,运营者可以通过相应人群感兴趣的话题来引导QQ群用户的注意力。具体来说,在摄影群中,可以首先提出一个摄影人士普遍感觉比较有难度的摄影场景,引导大家评论,然后运营者再适时分享一个能解决这一摄影问题的短视频。这样,有兴趣的人一定不会错过。

QQ空间是短视频运营者可以充分利用起来的一个好地方。当然,运营者首先应该建立一个昵称与快手短视频运营账号相同的QQ号,这样才能更有利于积攒人气,吸引更多人前来关注和观看。下面,笔者就为大家具体介绍7种常见的QQ空间推广方法,具体如下。

(1) QQ空间链接推广:利用"小视频"功能在QQ空间发布快手短视频,让QQ好友点击查看。

(2) QQ认证空间推广:订阅与产品相关的人气认证空间,更新动态时可以马上评论。

(3) QQ空间生日栏推广:通过"好友生日"栏提醒好友,引导好友查看你的动态信息。

(4) QQ空间日志推广:在日志中放入快手短视频账号的相关资料,更好地吸引受众的关注。

(5) QQ空间说说推广:QQ签名同步更新至说说上,用一句有吸引力的话激起受众的兴趣。

(6) QQ空间相册推广:很多人加QQ都会查看相册,所以,相册也是一个很好的引流工具。

(7) QQ空间分享推广:利用分享功能分享快手短视频信息,好友点击标题即可进行查看。

3. 微博引流

在微博平台上,运营者进行短视频推广,除了微博用户基数大外,主要还是依靠两大功能来实现其推广目标,即"@"功能和热门话题。

首先,在进行微博推广的过程中,"@"这个功能非常重要。在博文中可以"@"明星、媒体或企业,借助他们的粉丝扩大自身的影响力。若明星在博文下方评论,则会受到很多粉丝及微博用户的关注,那么短视频就会被推广出去。图6-23所

图 6-23 快手通过"@"吸引用户关注的案例

示为快手通过"@"某媒体来做联合宣传推广的案例。

其次,微博"热门话题"是一个制造热点信息的地方,也是聚集网民数量较多的地方。快手运营者要利用好这些话题,推广自己的短视频,发表自己的看法和感想,提高阅读和流浏览量。

4. 百度引流

作为中国网民经常使用的搜索引擎之一,百度毫无悬念成为互联网PC端强劲的流量入口。具体来说,快手运营者借助百度推广引流主要可从百度百科、百度知道和百家号这3个平台切入。接下来,笔者分别对这3个方面进行分析。

（1）百度百科

百科词条是百科营销的主要载体,做好百科词条的编辑对快手运营者来说至关重要。百科平台的词条信息有多种分类,但对于快手运营者引流推广而言,主要的词条形式包括4种,具体如下。

1）行业百科。快手运营者可以以行业领头人的姿态,参与到行业词条信息的编辑,为想要了解行业信息的用户提供相关行业知识。

2）企业百科。快手运营者所在企业的品牌形象可以通过百科进行表述,如某些知名汽车品牌在这方面就做的十分成功。

3）特色百科。特色百科涉及的领域十分广阔,例如,名人可以参与自己相关词条的编辑。

4）产品百科。产品百科是消费者了解产品信息的重要渠道,能够起到宣传产品,甚至是促进产品使用和产生消费行为等作用。

对于快手运营者引流推广而言,相对比较合适的词条形式无疑便是企业百科和特色百科了。如果是以企业形式运营的快手号,可以通过百度百科对企业的相关信息进行介绍,并将百度用户引流至快手平台,变成企业快手号的粉丝。而以个人形式运营的快手号,则可以利用个人的名气,创建个人特色百科。

图 6-24 所示为百度百科中关于某网红的相关内容,其采用的便是特色百科

的形式。通过该词条，百度用户可以更清楚地了解该网红的相关信息。看完百科词条后，需要进一步了解该网红的百度用户，甚至会去查看他的短视频，这便很好地起到了引流推广的作用。

（2）百度知道

百度知道在网络营销方面具有很好的信息传播和推广作用，利用百度知道平台，通过问答的社交形式，对快手运营者快速、精准地定位客户有很大帮助。百度知道在营销推广上具有两大优势：精准度和可信度高。这两种优势能形成口碑效应，对网络营销推广来说显得尤为珍贵。图6-25所示为百度知道主页。

图6-24　某网红的百度百科

图6-25　百度知道主页

通过百度知道来询问或作答的用户，通常对问题涉及的东西有很大的兴趣。例如，有的用户想要了解"有哪些饮料比较好喝"，部分饮料爱好者可能就会推荐自己喜欢的饮料，提问方通常也会接受推荐去试用。

百度知道是网络营销的重要方式，因为它的推广效果相对较好，能为运营者带来直接的流量和有效的外接链。基于百度知道而产生的问答营销，是一种新型的互联网互动营销方式，问答营销既能为快手运营者植入软性广告，同时也能通过问答来推广潜在用户。

例如，在某问答信息中，有用户提到了星二代"赵某"，该条问答不仅增加了赵某在用户心中的认知度，更重要的是对赵某的相关情况进行了简要的介绍，不仅让大家都知道了赵某是某小品演员的女儿，而且可以让用户从问答明白赵某性格很好，能歌善舞。看到该问答之后，部分用户便会对赵某产生一些兴趣，这无形之中便为赵某的快手账号带来了一定的流量。

（3）百家号

百家号是百度旗下的一个自媒体平台，于 2013 年 12 月正式推出。快手运营者入驻百度百家平台后，可以在该平台上发布文章，而平台会根据文章阅读量的多给予运营者收入，与此同时，百家号还以百度新闻的流量资源作为支撑，能够给帮助快手运营者进行视频和快手号的推广。

百家号上涵盖的新闻有 5 大模块，即科技、影视娱乐版、财经版、体育版和文化版。此外，百度百家平台排版十分清晰明了，用户在浏览新闻时非常方便。在新闻模块的左边是该模块的最新新闻，右边是该模块新闻的相关作家和文章排行。

值得一提的是，除了对品牌和产品进行宣传之外，快手运营者还可以通过内容的发布，从百家号上获得一定的收益。总的来说，百家号的收益主要来自三大渠道，具体如下。

1）广告分成：百度投放广告盈利后采取分成形式。

2）平台补贴：包括文章保底补贴和百＋计划、百万年薪作者的奖励补贴。

3）内容电商：通过内容中插入商品所产生的订单量和分成比例来计算收入。

5. 注意事项

引流是变现的必经过程，没有流量就没人愿意买产品。因此，为了引流，有些人招数频出，有些人剑走偏锋，有些人则不择手段。那么，在引流过程中，应该避开哪些引流误区？

（1）盲目跟风

有些人是看当下什么火，什么可以大量吸粉，他就跟着做什么内容，完全不考虑自己是否擅长这类内容，也不考虑自己的账号设定是否适合发布这类内容。

雷军曾说："站在风口，猪都会飞。"但是猪能够飞起来，肯定是有准备的。同样的道理，快手运营者不应该盲目跟风，要有所准备。

（2）软件刷粉

可以肯定的是，快手之类的软件采用的是智能算法，使用第三方软件刷粉或者刷播放量，只不过是利用快手的漏洞做的工具，刷出来的粉丝都是僵尸粉，对于引流来说没有意义，甚至会降低粉丝活跃度，伤害自己的账号。万一快手查询到你恶意刷粉，会将你列入黑名单，这种做法得不偿失。

第7章

抖音引流：
11个技巧打造百万粉丝大号

对于抖音运营者来说，要想获取可观的收益，就必须获得足够的流量，通过扩大用户群来保证自身的收益。那么，抖音运营者应如何实现快速引流，实现流量聚合呢？

本章重点解读抖音快速引流的方法，让大家可以快速聚集大量用户，实现品牌和产品的高效传播。

抖音引流，掌握实用技巧

抖音引流有一些基本的技巧，掌握这些技巧之后，抖音运营者的引流推广效果将变得事半功半。本节对几种抖音的基本引流技巧分别进行解读。

1. 利用抖音推荐算法机制

抖音运营者发布的每一条内容，抖音审核员都可以看得到。另外，抖音平台会根据抖音视频的推荐基数（根据浏览人数、点赞和评论比例等数据设置的一个基础值）、视频播放量、点赞量、评论量、转发量、账号的资料完整度和认证情况等进行权重的计算，然后按照得分排序决定审核的顺序。视频审核之后，会根据审核结果决定视频的推荐量。

抖音有自己的推荐算法机制，如图 7-1 所示。如果运营者想在一个平台上成功吸粉，首先就要了解这个平台，必须知道它推荐什么样的内容、排斥什么内容。

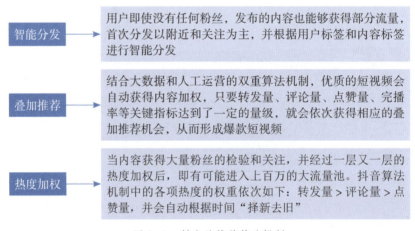

图 7-1 抖音的推荐算法机制

抖音运营者在抖音发布作品后，抖音平台对于作品会有一个机器审核过程，甚至有些作品的审核还会有人工审核的介入，其目的就是筛选优质内容进行推荐，杜绝垃圾内容的展示。

2. 抛出诱饵吸引目标受众

人都是趋利的，当看到对自己有益处的东西时，人们往往都会表现出极大的兴趣。抖音电商运营者可以借助这一点，通过抛出一定的诱饵来达到吸引目标受众目光的目的。

下面两个案例中的运营者便是通过优惠的价格向目标受众抛出诱饵，来达到引流推广的目的，如图 7-2 所示。

图 7-2　抛出诱饵吸引目标受众目光

3. 添加话题增加内容热度

话题就相当于视频的一个标签。部分抖音用户在查看一个视频时，会将关注的重点放在查看视频添加的话题上；还有部分抖音用户在查看视频时，会直接搜索关键词或话题。

因此，如果抖音电商运营者能够在视频的文字内容中添加一些话题，便能起到不错的引流作用。在笔者看来，抖音电商运营者在视频中添加话题时可以重点把握如下两个技巧：

（1）尽可能多地加入一些与视频中商品相关的话题，如果可以的话，可以在话题中指出商品的特定使用人群，一来可以增强都要营销针对性，二来可以吸引精准用户群体。

（2）尽可能以推荐的口吻编写话题，让用户觉得你不只是在推销商品，而是在向他们推荐实用的好物。

下面两个案例中的运营者便很好地运用了上述两个技巧，不仅加入的与视频中商品相关的话题多，而且该短视频的话题和文字中没有直接突出广告内容，营销的痕迹比较轻，如图 7-3 所示。

图 7-3 积极添加话题增强视频热度

4. 多多发送抖音视频内容

抖音用户为什么要关注你,成为你的粉丝?笔者认为除了账号中相关人员的个人魅力之外,另外一个很重要的原因就是抖音用户可以从你的账号中获得他们感兴趣的内容。

当然,部分粉丝关注你的账号之后,可能会时不时地查看账号内的内容。如果你的账号很久都不更新内容,他们可能会因为看不到新的内容,或者认为该账号的内容对他来说价值越来越低而取消关注。

因此,对于抖音运营者来说多发送一些用户感兴趣的内容非常关键。这不仅可以增强粉丝的黏性,还能吸引更多抖音用户成为你的粉丝。例如,抖音号"手机摄影构图大全"的粉丝大多都是摄影爱好者,于是该抖音号运营者便通过发送构图和拍摄技巧等内容来增强粉丝的黏性。

抖音广告引流,立即获得高曝光

在抖音中有 3 种广告形式,这 3 种广告形式既是在进行广告营销,也可以让视频内容获得海量曝光和精易触达。下面,笔者就来分别进行解读。

1. Topview 超级首位

Topview 超级首位是一种由两种广告类型组成的广告形式。它由两个部分组成，即前面几秒的抖音开屏广告和之后的信息流广告。

图 7-4 所示为某汽车品牌的一条短视频，可以看到其开始是以抖音全屏广告的形式展现的（左侧），而播放了几秒之后，就变成了信息流广告（右侧），直到该视频播放完毕。很显然，这条短视频运用的就是 Topview 超级首位。

图 7-4　Topview 超级首位的运用

从形式上来看，Topview 超级首位很好地融合了开屏广告和信息流广告的优势。既可以让用户在打开抖音短视频 APP 的第一时间就看到广告内容，也能通过信息流广告对内容进行完整展示，并引导抖音用户了解广告详情。

2. 开屏广告

开屏广告，顾名思义，就是打开抖音就能看到的一种广告形式。开屏广告的优势在于，用户一打开抖音短视频 APP 就能看到，所以，广告的曝光率较高。其缺点是呈现的时间较短。因此，开屏广告可以呈现的内容较为有限。

按照内容的展示形式，开屏广告可细分为3种，即静态开屏（一张图片到底）、动态开屏（中间有图片的更换）和视频开屏（以视频的形式呈现广告内容）。品牌主可以根据自身需求，选择合适的展示形式。

3. 信息流体系

信息流体系模块就是一种通过视频传达信息的广告内容模块。运用信息流体系模块的短视频，其文案中会出现"广告"字样，而抖音用户点击视频中的链接，则可以跳转至目标页面，从而达到营销的目的。

图 7-5 所示为信息流广告的运用案例，用户只需点击短视频中的文案内容、"去体验"按钮和抖音账号头像，便可以跳转至 APP 获取界面。这种模块的运用，不仅可以实现信息的营销推广，还能让软件用户的获取更加便利化。

图 7-5　信息流体系的运用

视频引流，获得更多流量推荐

视频引流可以分两种方式进行，一是原创视频引流，二是搬运视频引流。接下来，笔者就来分别进行说明。

1. 原创视频引流

抖音运营者可以把制作好的原创短视频发布到抖音平台，同时在账号资料部分进行引流，如在昵称、个人简介等处都可以留下联系方式，如图 7-6 所示。

第 7 章　抖音引流：11 个技巧打造百万粉丝大号

图 7-6　在账号资料部分进行引流

注意，不要在其中直接标注"微信"两个字，可以用拼音简写、同音字或其他相关符号来代替。只要用户的原创短视频的播放量越大，引流的效果就会越好。

抖音上的年轻用户偏爱热门和创意有趣的内容，同时在抖音官方介绍中，抖音鼓励的视频如下：场景、画面清晰；记录自己的日常生活、健康向上、多人类、剧情类、才艺类、心得分享类、搞笑类等多样化内容，不拘泥于一个风格。运营者在制作原创短视频内容时，可以记住这些原则，让作品获得更多推荐。

2. 搬运视频引流

在不侵权的前提下，运营者可以从微视、西瓜视频、快手、火山小视频及秒拍等短视频平台，将其中的内容转载到抖音平台上，具体方法如下。

步骤 01 先打开去水印视频解析网站，然后打开要搬运的视频，并把要搬运视频的地址放到解析网站的方框内，单击"解析视频"按钮，解析完成后即可下载，从而得到没有水印的视频文件。图 7-7 所示为抖音短视频解析下载网站。

图 7-7　抖音短视频解析下载网站

135

步骤02 然后用格式工厂或inshot视频图片编辑软件，对视频进行剪辑和修改，改变视频的MD5值，即可得到"伪原创"的视频文件。

步骤03 最后把这个搬运来的视频上传到抖音，同时在抖音账号的资料部分进行引流，以便粉丝添加。

评论区引流，通过评论和留言来吸粉

许多用户在看抖音视频时，会习惯性地查看评论区的内容。再加上，用户如果觉得视频内容比较有趣，还可以通过@抖音账号，吸引其他用户前来观看该视频。因此，如果短视频评论区利用得当，便可以起到不错的引流效果。

短视频文案中能够呈现的内容相对有限，这就有可能出现一种情况，那就是有的内容需要进行一些补充。此时，运营者便可以通过评论区的自我评论来进一步进行表达。另外，在短视频刚发布时，可能看到的用户不是很多，也不会有太多评论。如果此时运营者进行自我评论，也能从一定程度上起到提高视频评论量的作用。

除了自我评价补充信息之外，抖音运营者还可以通过回复评论解决用户疑问，引导用户情绪，从而提高产品的销量。

回复抖音评论看似是一件再简单不过的事，实则不然，这主要是因为在进行抖音评论时，运营者还需要掌握一些注意事项，具体如下。

1. 第一时间回复评论

抖音运营者应该尽可能地在第一时间回复用户评论，这主要有两个方面的好处。一是快速回复用户能够让他们感觉到你对他（她）很重视，这样自然能增加用户对运营者的好感；二是回复评论能够从一定程度上增加短视频的热度，让更多用户看到该短视频。

那么，运营者如何做到第一时间回复评论呢？其中一种比较有效的方法就是在短视频发布的一段时间内，及时查看用户的评论。一旦发现有新的评论，便在第一时间进行回复。

2. 不要重复回复评论

对于相似的问题，或者同一个问题，抖音运营者最好不要重复回复，这主要

第 7 章　抖音引流：11 个技巧打造百万粉丝大号

有两个原因。一是运营者的评论中或多或少会有营销痕迹，如果重复回复，那么整个评论界面便会出现许多广告内容，而这些内容往往会让用户产生反感情绪。二是点赞相对较高的问题会排到评论的靠前位置，抖音运营者只需对点赞较高的问题进行回复，其他有相似问题的用户自然就能看到。此外，这还能减少运营者的回复工作量，节省大量时间。

3. 注意规避敏感词汇

对于一些敏感的问题和敏感的词汇，抖音运营者在回复评论时一定要尽可能地规避。当然，如果避无可避也可以采取迂回战术，如不对敏感问题作出正面的回答，用一些意思相近的词汇或用谐音代替敏感词汇。

抖音矩阵引流，打造稳定的粉丝流量池

抖音矩阵就是通过多个账号的运营进行营销推广，从而增强营销的效果，获取稳定的流量池。抖音矩阵可分为两种，一种是个人抖音矩阵，即某个抖音运营者同时运营多个抖音号，组成营销矩阵；另一种是多个具有联系的抖音运营者一个矩阵，共同进行营销推广。

例如，这位名叫"陆高立"的抖音运营者便是通过多个抖音账号来打造个人矩阵的，而且其每个抖音号都拥有一定数量的粉丝，如图 7-8 所示。

图 7-8　个人抖音矩阵的打造

私信消息引流，增加作品每一刻的曝光

抖音支持"发信息"功能，一些粉丝可能会通过该功能给用户发信息，运营者可以时不时看一下，并利用私信来进行引流，有需要的甚至可以直接引导用户加微信号、微信公众号等，将用户变成你的私域流量，如图 7-9 所示。

图 7-9 利用抖音私信消息引流

TIPS 054 抖音直播引流,攫取更多直播间流量红利

运营者在抖音短视频平台开通直播功能究竟有什么作用?当然,首要目的毫无疑问是获取用户,如果没有用户,就谈不上运营。抖音短视频平台开通直播功能可以为产品注入自发传播的基因,从而促进应用的引流、分享、拉新。从"自传播"到再次获取新用户,应用运营可以形成一个螺旋式上升的轨道。

1. 打造直播室,3种技巧

运营者在抖音直播的过程中,一定要注意视频直播的内容规范要求,切不可逾越雷池,以免辛苦经营的账号被封。另外,在打造直播内容、产品或相关服务时,运营者要切记遵守相关法律法规,只有合法的内容才能得到承认,才可以在互联网中快速传播。

(1)建立更专业的直播室

运营者要建立一个专业的直播空间,主要可以从以下3个方面做起。

1)直播室要有良好稳定的网络环境,保证直播时不会掉线和卡顿,以免影响用户的观看体验。如果是在室外直播,建议运营者选择无限流量的网络套餐。

2)购买一套好的电容麦克风设备,给用户带来更好的音质效果,同时也将自己的真实声音展现给他们。

3)购买一个好的手机外置摄像头,让直播效果更加高清,给用户留下更好的外在形象,当然也可以通过美颜等效果来给自己的颜值加分。

其他设备还需要准备桌面支架、三脚架、补光灯、手机直播声卡及高保真耳机等。例如,直播补光灯可以根据不同的场景调整画面亮度,具有美颜、亮肤等作用,如图 7-10 所示。手机直播声卡可以高保真收音,无论是高音或低音,都可以还原得更真实,让歌声更加出众,如图 7-11 所示。

图 7-10　环形直播补光灯

图 7-11　手机直播声卡

(2)设置一个吸睛的封面

如果抖音直播的封面图片设置得好,能为主播吸引更多的粉丝。目前,抖音直播平台上的封面都是以主播的个人形象照片为主,背景以场景图居多。抖音直播封面没有固定的尺寸,不宜过大也不要太小,只要是正方形等比都可以,但画面要做到清晰美观。

(3)选择合适的直播内容

抖音直播的内容目前逐渐多样化,如美妆、美食、"卖萌"及一些生活场景直播等深受用户欢迎。从抖音的直播内容来看,都是根据抖音社区文化衍生出来的,而且也比较符合抖音的产品气质。

在直播内容创业中,运营者以音乐为切入点可以更快地吸引粉丝关注,更好地传播好音乐的同时,也可以让主播与粉丝同时享受到近距离接触的快感。

2. 直播吸粉引流,技巧最为重要

直播借着短视频平台再次回到了人们的视野,运营者只需要一台手机即可直播,但直播的竞争却非常残酷,因此运营者需要掌握吸粉引流的技巧,让自己"火"起来。

（1）内容垂直

运营者可以根据自己的定位来策划垂直领域内容，在直播前可以先策划一个大纲出来，然后围绕这个大纲来细化具体的直播过程，并准备好相关的道具、歌曲和剧本等。在直播过程中，还需要关注粉丝的动态，有人进来时，记得打招呼，有人提问时，记得回复一下。

（2）特色名字

起名字时需要根据不同的平台受众来设置不同的名称。

·运营者直播内容以电竞为主，名字就需要大气或霸气一些。

·运营者以二次元内容为主，名字需要符合"宅"文化，尽可能凸显自己的年轻和潮流感。

·运营者以导购内容为主，名字则要与品牌或产品等定位相符合，可以让人产生信赖感。

（3）专业布景

直播的环境不仅要干净整洁，而且也需要符合自己的内容定位，给观众带来好的直观印象。例如，以卖货为主的直播环境中，可以在背景里挂一些商品样品，商品的摆设要整齐，房间的灯光要明亮，从而突出产品的品质。

（4）聊天话题

主播可以制造热议话题来为自己的直播间快速积攒人气，正所谓"话痨好过哑巴"。但运营者的话题内容一定要健康积极，符合法律法规和平台规则。当然，主播在与粉丝聊天互动时，还需要掌握一些聊天的技巧，如图7-12所示。

在直播过程中，运营者不仅要用高质量的内容吸引观众，而且要随时引导这些进来的观众关注你的账号，成为你的粉丝。

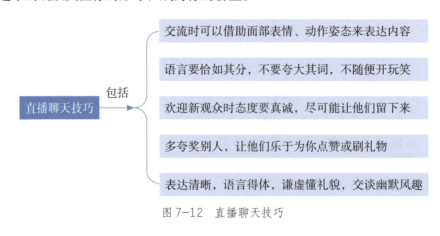

图7-12 直播聊天技巧

（5）定位清晰

精准的定位可以形成个性化的人设，有利于将运营者打造一个细分领域的专业形象，下面介绍一些热门的直播定位类型供参考，如图7-13所示。

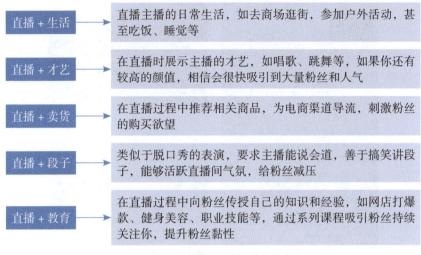

图7-13 热门直播定位的参考方向

（6）准时开播

直播的时间最好固定，因为很多粉丝都是利用闲暇时间来看直播的，你的直播时间一定要跟他们的空闲时间对得上，这样他们才有时间看你的直播。因此，主播最好找到粉丝活跃度最大的时间段，然后每天定时定点直播。

（7）抱团吸粉

你可以多和一些内容定位相近的主播搞好关系，成为朋友，这样可以相互推广，互相照顾。当大家都有一定的粉丝基础后，主播还可以带领自己的粉丝去朋友的直播间相互"查房"，这样不仅可以活跃直播间的氛围，而且能够很好地留住粉丝，进行互动。"查房"是直播平台中一种常用的引流手段，主要是依靠大主播的人气流量来带动不知名的小主播，形成一个良好的循环，促进粉丝消费。

（8）互动活动

如果你在直播时观众都比较冷淡，此时也可以找一个人跟你互动，两个人一起来提升直播间的热闹氛围，不至于由于没有话题而面临尴尬。另外，主播也可以选择一些老观众与他们互动，主动跟他们聊天，最大限度地提升粉丝黏性。

除了聊天外，主播还可以做一些互动活动，如带粉丝唱歌，教粉丝一些生活技巧，带粉丝一起打游戏，在户外做一些有益的活动，或者举行一些抽奖活动等，如图7-14所示。这些小的互动活动都可以提升粉丝的活跃度，同时还能吸引更多"路人"的关注。

图7-14　游戏互动和户外互动活动

（9）营销自己

抖音通常会给中小主播分配一些地域流量，如首页推荐或者其他分页的顶部推荐，让你可以处于一个较好的引流位置，此时主播一定要抓住一切机会来推广自己、营销自己。

（10）维护粉丝

当你通过直播积累一定的粉丝量后，一定要做好粉丝的沉淀，可以将他们导流到微信群、公众号等平台，更好地与粉丝进行交流沟通，表现出对他们的重视。平时不直播的时候，运营者也可以多给粉丝送送福利、发发红包或者优惠券等，让用户留存最大化，从而挖掘粉丝经济，实现多次营销。

3. 直播互动玩法，吸引潜在粉丝

抖音没有采用秀场直播平台常用的"榜单PK"等方式，而是以粉丝点赞作为排行依据，这样可以让普通用户的存在感更强。下面介绍抖音直播的几种互动方式。

（1）评论互动。用户可以点击"说点什么"来发布评论，此时主播要多关注这些评论内容，选择一些有趣的和实用的评论进行互动。

（2）点赞互动。主播的总计收入是以"音浪"的方式呈现的，粉丝给主播的打赏越多，获得的人气越高，收入自然也越高。

（3）建立粉丝团管理粉丝。主播一般都会有不同数量的粉丝团，这些粉丝可以在主播直播间享有一定的特权，主播可以通过"粉丝团"与粉丝形成更强的联系。

（4）礼物互动。礼物是直播平台最常用的互动形式，抖音的主播礼物名字都比较特别，不仅体现出浓浓的抖音文化，同时也非常符合当下年轻人的使用习惯以及网络流行文化，如"小心心""热气球""为你打 call"等。

SEO 引流，提高自己的曝光率

SEO 是 Search Engine Optimization 的缩写，中文译为"搜索引擎优化"。它是指通过对内容的优化获得更多流量，从而实现自身的营销目标。说起 SEO，许多人首先想到的可能就是搜索引擎的优化，如百度平台的 SEO。其实 SEO 不只是搜索引擎独有的运营策略，抖音短视频同样是可以进行 SEO 优化的。例如，可以通过对抖音短视频的内容运营，实现内容霸屏，从而让相关内容获得快速传播。

抖音短视频 SEO 优化的关键就在于视频关键词的选择，而视频关键词的选择又可细分为两个方面，即关键词的确定和使用。

1. 视频关键词的确定

用好关键词的第一步就是确定合适的关键词。通常来说，关键词的确定主要有以下两种方法。

（1）根据内容确定关键词

什么是合适的关键词？笔者认为，它首先应该与抖音号的定位和短视频内容相关。否则用户即便看到了短视频，也会因为内容与关键词不对应而直接滑过，这样一来，选取的关键词也就没有太多积极意义了。

（2）通过预测选择关键词

除了根据内容确定关键词之外，还需要学会预测关键词。用户在搜索时所用的关键词可能会呈现阶段性的变化。具体来说，许多关键词都会随着时间的变化而具有不稳定的升降趋势。因此，抖音运营者在选取关键词之前，需要先预测用户搜索的关键词，下面笔者从两个方面分析介绍如何预测关键词。

社会热点新闻是人们关注的重点，当社会新闻出现后，会出现一大波新的关键词，搜索量高的关键词就叫"热点关键词"。下面介绍一些预测热点关键词的方向，如图7-15所示。

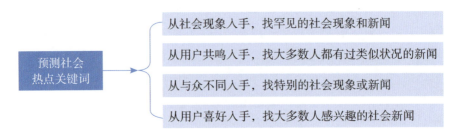

图7-15 预测社会热点关键词

除此之外，即便搜索同一类物品，用户在不同时间段选取的关键词仍可能有差异性。因此，运营者需要根据季节性，预测用户搜索时可能会选取的关键词。

值得一提的是，关键词的季节性波动比较稳定，主要体现在季节和节日两个方面。如用户在搜索服装类内容时，可能会直接搜索包含四季名称的关键词，即春装、夏装等。季节性的关键词预测还是比较容易的，抖音运营者除了可以从季节和节日名称上进行预测，还可以从以下方面进行预测，如图7-16所示。

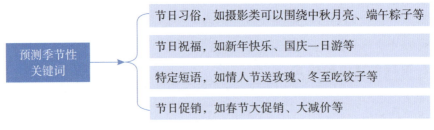

图7-16 预测季节性关键词

2. 视频关键词的使用

在添加关键词之前，抖音运营者可以通过查看朋友圈动态和搜索微博热点等方式，抓取近期的高频词汇，将其作为关键词嵌入抖音短视频中。需要特别说明的是，运营者统计出近期出现频率较高的关键词后，还需了解关键词的来源，只有这样才能让关键词用得恰当。

除了选择高频词汇之外，抖音运营者还可以通过在抖音号介绍信息和在短视频文案中增加关键词使用频率的方式，让内容尽可能与自身业务直接联系起来，从而给用户一种专业的感觉。

多闪 APP 引流，头条系的社交涨粉新工具

2019 年初，今日头条发布了一款名为"多闪"的短视频社交产品。"多闪"拍摄的小视频可以同步到抖音，非常像微信开放的朋友圈视频玩法。

"多闪"APP 的注册方式也非常简单，运营者可以先下载"多闪"APP，然后用头条旗下的抖音号授权、填写手机号、收验证码、授权匹配通讯录等即可进入。"多闪"APP 诞生于抖音的私信模块，可以将抖音上形成的社交关系直接引流转移到"多闪"平台，通过自家平台维护这些社交关系，降低用户结成关系的门槛。

鉴于抖音是国内最大的短视频平台，许多运营者都在运营自己的抖音账号，因此笔者下面将从"多闪"APP 的角度为大家介绍抖音的引流方法。

1. 多闪主动加入引流

运营者在利用"多闪"引流时，需要重视"世界"版块，"世界"就成为用户重构社交关系的流量池，可以深挖同城引流和基于附近的位置引流红利。

运营者在使用"多闪"APP 的过程中，收到诸多陌生人的添加好友请求。尤其是那些美女同城视频或新店开业类视频，都可以可借助"多闪"APP 来实现广泛被动的引流。

在抖音上吸粉比较容易，但这些粉丝的黏性很低，他们通常只会关注你的内容，而不会与你有过多的交集。而"多闪"的出现，就是用来打通抖音这种社交维度上的不平等关系，通过短视频社交来提升抖音的粉丝黏性。同时，对于运营者来说，还可以在"多闪"APP 中融入各种产品和销售场景，再加上钱包支付和视频红包功能，就能形成一个良好的商业生态。

2. 同城附近位置引流

在"多闪"APP 中没有公开评论的社交场景，都是基于私信的私密社交场景。陌生人之间不需要加好友，就能相互聊天，但只能发送 3 条信息。在聊天过程中输入文字时，系统会自动联想海量的表情包来丰富对话内容，不仅降低了表情包的使用和筛选难度，而且还有助于用户表达更多情感和态度。

"多闪"APP 的定位是社交应用，不过是以短视频为交友形态，微信的大部分变现产业链，同样适用于"多闪"。未来，抖音平台对于导流微信的管控肯定会越来越严格。所以，如果运营者在抖音有大量的粉丝，就必须想办法去添加他们的"多闪"号。另外，"多闪"APP 还能帮助抖音运营者带来更多的变现机会。

（1）抽奖活动

在"多闪"APP推出时，还上线了"聊天扭蛋机"模块，用户只需要每天通过"多闪"APP与好友聊天，即可参与抽奖，而且红包额度非常大。

（2）支付功能

抖音基于运营者的需求开发了电商卖货功能，同时还与阿里巴巴、京东等电商平台合作，如今还在"多闪"APP中推出"我的钱包"功能，可以绑定银行卡、提现、查看交易记录和管理钱包等，便于运营者变现。

（3）"多闪"号交易变现

运营者可以通过"多闪"号吸引大量精准粉丝，有需求的企业可以通过购买这些流量大号来推广自己的产品或服务。

（4）"多闪"随拍短视频广告

对于拥有大量精准粉丝流量的"多闪"号，完全可以像抖音和头条那样，通过短视频贴牌广告或短视频内容软广告来实现变现。

TIPS 057 跨平台引流，获得更多专属的流量资源

根据笔者的观察，除了那些拥有几百上千万粉丝的达人账号外，其他只有十来万粉丝的大号跨平台能力都很弱。这一点从微博的转化就能看出来，普遍都是100∶1，也就是说抖音平台涨100万粉，微博只能涨1万粉丝，跨平台的转化率非常低。

微博是中心化平台，如今已经很难获得优质粉丝；而抖音则是去中心化平台，虽然可以快速获得粉丝，但粉丝的实际黏性非常低，转化率还不如直播平台高。其实，直播平台也是去中心化的流量平台，而且可以人为控制流量，同时粉丝黏性也比较高，因此，转化到微博的粉丝比例也更高一些。

抖音粉丝超过50万即可参与"微博故事红人招募计划"，享受更多专属的涨粉和曝光资源。除了微博引流外，抖音的内容分享机制经过重大调整，拥有了更好的跨平台引流能力。

此前，将抖音短视频分享到微信和QQ后，被分享者只能收到被分享的短视频链接。但现在，运营者将作品分享到朋友圈、微信好友、QQ空间和QQ好友，抖音就会自动将该视频保存到本地。保存成功后，抖音界面上会出现一个"继续

分享"的分享提示。

只要用户点击相应按钮,就会自动跳转到微信上,这时只要选择好友即可实现单条视频分享。点开即可观看,不用再手动复制链接到浏览器上观看了。抖音分享机制的改变,无疑是对微信分享限制的一种突破,此举对抖音的跨平台引流和自身发展都起到了一些推动作用,如图7-17所示。

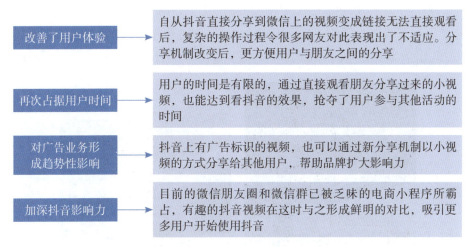

图7-17 抖音改变分享机制的作用

抖音账号流量不高的原因有两个方面,一是内容不行,二是受众太窄。例如,一个新注册的抖音账号,内容定位为"家装",这就相当于把那些没买房和没在装修的人群全部过滤掉了,这样账号的受众就非常窄,流量自然不会高。抖音平台给新号的流量不多,运营者一定要合理利用,内容覆盖的受众越大越好。

还有一点,"颜值"很重要,可以换一个帅一点的男演员或更漂亮一点的女演员,提升视频自身的吸引力,从而增加播放量。抖音还讲究"帅和漂亮",除非你的才华特别出众,可以不用"颜值"来吸引用户。

线下引流,认领 POI 地址为实体店引流

短视频引流是多方向的,既可以从短视频平台或者跨平台引流到账号,也可以将短视频平台流量引导至其他的线上平台。尤其是本地化的账号,还可以通过短视频平台给自己的线下实体店铺引流。

例如,"答案茶""土耳其冰淇淋""CoCo 奶茶""宜家冰淇淋"等线下店通过抖音吸引了大量粉丝前往消费。特别是"答案茶"刚推出来时,仅凭抖音短短几个月就招收了几百家代理加盟店。

笔者继续以抖音为例,用抖音给线下店铺引流最好的方式就是开通企业号,利用"认领 POI(Point of Information,信息点)地址"功能,在 POI 地址页展示店铺的基本信息,实现线上到线下的流量转化,如图 7-18 所示。当然,要想成功引流,运营者还必须持续输出优质的内容,保证稳定的更新频率,以及与用户多互动,并打造好自身的产品,运营者做到这些可以为店铺带来长期的流量保证。

图 7-18　已添加 POI 地址的短视频

第8章

私域导流：
10个技巧将粉丝导入流量池

移动互联网和智能手机的普及，以及微信的出现，进一步改变了人们的社交关系，让以熟人关系为主关系圈子不断延伸，微信因此成为迄今成功的社交产品。

因此，短视频运营者可以多渠道拓展自己的引流工作，将粉丝引流至微信等私域流量池，让流量红利最大化。

TIPS 059 放长线钓大鱼，组建起粉丝群

虽然用户进入粉丝群之后不一定会去聊天，但是有很多人想进群，因为群里通常会分享很多内容。所以，运营者可以结合粉丝的需求，用粉丝社群来提升自身的卖货能力。

笔者为什么鼓励大家去运营社群？因为运营社群有如下 3 个好处：

（1）引爆流量。为什么运营社群能引爆流量呢？比如，某运营者组建一个短视频交流群，他可以设置一个进群的条件：转发朋友圈、推荐 × 人进群或转发朋友圈可免费进群。这些想进群的人瞬间就变成了社群宣传员，而社群也就实现了裂变传播。

这种裂变可以快速招揽粉丝，而且都是精准粉丝。如果运营者想组建这种社群，只需要从朋友圈找 100 个人，这 100 个人就可能帮你裂变出 500 个人，然后 500 个人后期还会裂变，再裂变。这种持续的裂变，可能会让社群在短短两三个月内从 100 人拓展到 5000 人。

（2）容易获取精准客户。每个社群都有它的主题，而社群成员也会根据自身的目的选择自己需要的社群。所以，一旦他（她）选择进入运营者的社群，就说明他（她）对你社群的主题内容是有需求的。既然是对社群的主题内容有需求，那他（她）自然就是精准客户了。

（3）快速变现。既然这些进群的都是对主题内容有需求的精准客户，那么运营者只需解决他们的需求，获得他们的信任，就可以实现快速变现了。

当然，社群的种类是比较丰富的，每个社群能达成的效果都不尽相同。那么，我们可以加入和运营哪些社群呢？下面笔者就来回答这个问题。

1. 建立大咖社群，加强粉丝交流

大咖都是有很多社群的，毕竟大咖的粉丝量都是比较庞大的，而且每天要做的事情也比较多，没有时间和精力私聊。所以，他们通常都会通过社群和自己的粉丝进行沟通。

对于大咖社群，可以从两个方面进行运营。一方面，当运营者拥有一定名气时，可以将自己打造成大咖，并建立自己的大咖社群；另一方面，当运营者名气不够时，可以寻找一些同领域的大咖社群加入，从中获得一些有价值的内容。而且，这些社群中有一部分可能就是潜在客户，运营者可以与这些人产生连接，为后续带货和卖货做好铺垫。

2. 建立自己社群，精准吸引客户

自建社群，简而言之就是创建属于自己的社群。运营者可以创建社群的平台有很多，除了常见的微信群之外，还可以用QQ群等。

社群创建之后，运营者需要通过多渠道的推广，吸引更多人进群，增加社群的人数和整体的影响力。在推广的过程中，可以将社群作为引诱点，吸引精准客户的加入。例如，做母婴社群的可以将"想进母婴社群的联系我"作为一个引诱点。

笔者曾经在百度贴吧上做过测试，通过这种引诱点的设置，在短短两天的时间内，就吸引了1000人加群。这还只是百度贴吧吸引的粉丝量，如果再在其他平台一起宣传，那吸引的粉丝量就非常可观了。

3. 建立平台社群，吸引目标粉丝

平台社群既包括针对某个平台打造的社群，也包括就某一方面的内容进行交流的平台打造的社群。

平台社群比较好运营，因为社群里很少有"大V"长时间服务。即使这些群邀请来了大咖，他们也只会在对应的课程时间内分享内容，时间一过基本上就不会再说话了。

但是，运营者可以在群里长期服务，跟群员混熟。笔者之前加入了抖音官方社群，跟群员混熟之后，笔者分享一条引流信息，便有300多人添加微信。

平台社群有非常丰富的粉丝资源，运营者需要合理运用。当然，在平台社群的运营中，我们还需要服务得高端一点——对群成员服务时，要尽可能显得专业一点，产出的内容要有价值，要让社群成员在看到分享的内容之后产生需求。

4. 提供社群服务，聚集消费人群

服务社群就是将已进行了消费的人群聚集起来，提供相关服务的社群。比如，某运营者建一个顾客群，把在母婴店里买过产品的人都拉进来，通过在群里服务，可以拉近与顾客之间的关系，促成顾客的二次消费。

这一类社群中的社群成员通常有两个特点，一是已经有过一次消费，普通的产品宣传很难让他们提起兴趣；二是在加入社群之后，他们可能不太愿意主动在群里与运营者进行沟通。

因此，这类社群更多是在店铺促销时作为一种助力来使用。例如，店铺中有打折优惠活动时，可以将相关的信息发布到社群中，吸引社群成员围观活动，购买相应的产品。

快速获取流量，两大基本方式

虽然抖音、快手等平台表面上只是短视频 APP，但它却有强大的电商能力，成为公认的带货利器，如"小猪佩奇""网红蜘蛛侠"等，这些产品一度成为人人抢购的爆款。

随着流量的碎片化趋势越来越严重，抖音、快手这些拥有巨大流量的短视频应用成为电商引流的"新营销天地"。下面介绍常用的两大引流方式。

1. 付费邀请网红，通过合作引流

抖音等短视频平台上有很多知名网红，运营者可以找这些人进行付费合作，邀请他们来拍摄短视频，并在短视频内容中投放广告，来为店铺或产品引流。据悉，有百万粉丝的网红，单条广告报价在几十万元左右，收入非常可观。不仅仅是"大V"，就算是小网红，带货量也是非常高的，如服装类，大多都是像街拍这种 IP 带货。

目前，网店引流方式见效非常快，非常适合打造爆款。不过，由于网红同样具有明星效应，他们在选择商品时，对于产品品质的要求会比较高，而且广告费用也相对高昂，因此，对于低单价的产品来说，运营者需要考虑投资回报率。

需要注意的是，运营者在找网红合作时，尽量找与自己店铺业务相关的网红，这样带来的流量会更加精准，转化率也会更高。例如，卖零食的运营者可以找美食领域的网红合作，这样获得的流量都是喜欢美食的人，他们很有可能会下单购买。此外，运营者除了与网红合作外，还可以直接给自家淘宝店铺引流，如图 8-1 所示。

图 8-1　直接给自家淘宝店铺引流案例

第 8 章 私域导流：10 个技巧将粉丝导入流量池

▶ 专家提醒

同时，千万要注意合作的网红不能有负面新闻，负面新闻缠身的网红虽然关注度高，但经济价值低，而且还会损害店铺形象。因此，运营者应尽可能找一些口碑好、形象好的网红进行合作。

2. 自建电商橱窗，利用账号引流

对于电商来说，引流就代表着流量，就代表有销售量的产生。除了找"网红"合作推广产品外，运营者也可以在抖音等短视频平台上自建店铺，在受众活跃的短视频内容领域中，打造自己的 IP 账号，努力成为 KOL，来为店铺引流。

例如，某运营者发布的是一些搞笑视频，但实际上他是卖书籍的，有 85 万粉丝，他做短视频的目的是把用户引导到抖音的商品橱窗，如图 8-2 所示。

图 8-2 商品橱窗引流

运营者在短视频平台上通过打造个人 IP 引来的流量都是非常精准的，而且转化起来也相当容易，但难就难在 IP 运营上，如果只是单纯地在抖音上输出内容，这样很难在众多抖音账号中脱颖而出，很难实现流量的沉淀。

但是，从长远来看，自己打造 IP 引流要好于去找"网红"合作，每个商品都有自己的品牌名，运营者也要有自己的专属关键词，这样别人才能记住你。

电商引流技巧，投放视频引流

如今，国内的电子商务越来越发达，很多传统行业也逐步实现电商化，同时社会化媒体也呈现出繁荣发展的场景，并且衍生出很多营销媒体，短视频逐渐成为淘宝电商中不容忽视的营销技巧，成为企业打造品牌、推广产品和塑造形象的常用方式。

本节主要介绍淘宝天猫电商等站内平台的短视频投放和推广技巧，帮助商家将短视频快速投放到各种电商和社交平台，以超低成本获取优质消费者。

1. 添加宝贝主图，通过店铺引流

店铺主图视频也就是商家自己店铺主图视频的上传，可以在淘宝网页端或者千牛平台登录卖家中心，找到出售中的宝贝，选择编辑宝贝，即可上传产品视频。淘宝店铺的短视频不同于其他渠道的短视频内容，对于内容策划要求不高，商家可以在商品型短视频上下功夫。

很多商家之前从来都没有接触过短视频这些新媒体内容，大多没有相关的制作经验，更不要谈拍摄、剪辑和包装了。对此，淘宝在服务市场中引入了大量的视频服务商，来帮助商家快速打造短视频内容。

不过，很多专业机构的服务费非常高，对于中小卖家来说难以承受，此时商家也可以使用一些优秀的视频制作工具自己学着拍摄，这些工具不仅简单，而且效果也非常好。

例如，企拍APP有模板视频、一键生成、视频剪辑等功能，是一款专门服务于电商商家的插件工具，如图8-3所示。

图 8-3 企拍 APP 的主要功能介绍

企拍APP不仅拥有众多精美的视频模板，而且拥有强大的拍摄剪辑功能，适用于电商的主图/详情页视频、企业活动及新品上市等视频的自制。再加上企

拍 APP 个性化的定制服务，以及多元化的分类视频社区，可以实现多渠道一键分发，对需要引流的短视频运营者来说，是必备的辅助工具。

另外，淘宝还针对短视频内容，在服务市场中的内容互动模块中推出了一个"短视频制作"专区，这里有很多短视频案例、工具和制作技巧，商家可以在此学习，增加自己的短视频运营经验。

当消费者在淘宝搜索和查看商品时，有短视频的主图会自动进行播放，展示出商品的不同特色，如图 8-4 和图 8-5 所示。这样一来，通过短视频展示商品的好处就体现得淋漓尽致了，全方位、多角度地表现商品的特点，同时又更加直观，让观看者更容易产生购买商品的欲望。

图 8-4　搜索结果页中的主图短视频效果　　图 8-5　商品详情页中的主图短视频效果

通常情况下，人脑对于动态信息的接受度要远远大于简单的图片或文字介绍。换句话说，短视频可以动态展现商品，而文字和图片只能静态展示商品，因此，短视频更容易吸引用户眼球，自然引流效果会更好。

2. 参加每日好店，通过剧情引流

短视频运营者还可以借用达人的内容渠道来传播短视频，实现商品引流的目的。通过短视频，实现"人货场"的精准匹配，"人"就是消费者，"货"就是商品，"场"就是淘宝的各个应用场景，包括有好货、每日好店、淘宝头条、必买清单及爱逛街等。

其中，有好货的短视频类型主要是以单品展现为主，时长通常为 9～30 秒，只能展示一个商品 SKU（Stock Keeping Unit，库存量单位）。有好货的店铺要求和重点类目如图 8-6 所示。

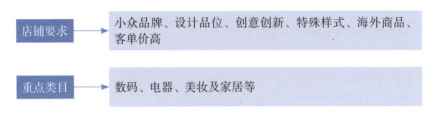

图 8-6　有好货的店铺要求和重点类目

有好货的短视频内容主要包括两个方面，即商品的特色和功能。内容必须简约，能够在短时间内传达出产品最大的卖点。

对于在淘宝开店的短视频运营者来说，必须努力打通优质短视频从私域到公域的流转链路。私域流量是指微淘、直播及搜索页等流量。公域流量的范围非常广，不仅包括直通车和钻展等付费流量，还包括爱逛街、有好货等垂直频道的流量。运营者可以通过这些公域渠道极大地增加短视频的曝光机会。

3. 精选淘宝头条，通过社区引流

淘宝未来的发展方向是"内容化+社区化+本地生活服务"，在这些前提的驱动下，推出了"淘宝头条"平台（又称为淘头条）。

"淘宝头条"提供了精选、头条、资讯、数码、汽车、美食及问答等板块，每个板块下面分别提供不同类目的内容资讯，资讯中可以添加产品链接（必须是淘宝系链接）。除了在各种频道栏目中穿插短视频外，淘宝头条还专门推出了"视频"频道，来聚合短视频流量。

淘宝头条的视频类型没有做限制，主要以各种生活资讯为主，时长通常在 3 分钟以内，可以展示 1~6 个商品。"淘宝头条"的短视频内容运营者收益情况也比较可观，一篇淘宝头条热读文章可以给运营者带来十多万元的佣金收益。

▶ 专家提醒

淘宝的短视频与其他短视频平台的主要区别在于，淘宝的短视频内容并不是以娱乐或资讯为主，而是基于商品空间里的内容，即"商品就是内容"，并在此基础上融入其他元素和场景，来让短视频内容变得更加精彩纷呈。

拓展多样化渠道，打造私域流量池

私域流量通常是指线上的个人流量，是一个封闭的私人环境。如今，不管是哪个电商平台，捕捉流量这条"大鱼"的成本已经越来越高，因此，笔者建议大家最好是"自建鱼塘来养鱼（打造私域流量）"，这样不仅可以降低捕鱼成本（不用做付费引流），同时也会更容易捕到鱼（流量更精准）。

私域流量的来源主要是各个公域流量平台，如淘宝、京东、拼多多等电商平台，以及微博、今日头条、抖音、喜马拉雅、快手等自媒体平台，当然还包括一些传统的论坛社区、视频网站、门户网站和社交媒体等。本节将介绍几个常用的私域流量引流技巧。

1. 贴吧导流

百度贴吧是一个以兴趣主题聚合志同道合者的互动平台，让拥有共同兴趣的网友可以聚集到一起进行交流和互动，同时这种聚集的方式，也让百度贴吧成为私域流量运营者引流常用的平台之一。下面介绍一些通过百度贴吧给微信引流的技巧和注意事项，如图8-7所示。

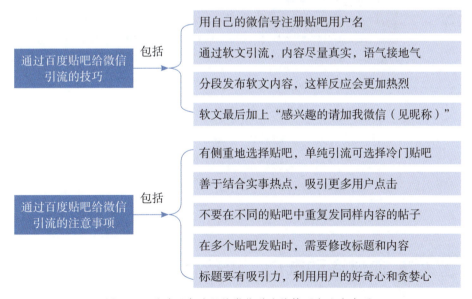

图8-7 通过百度贴吧给微信引流的技巧和注意事项

2. 自媒体导流

今日头条自媒体平台可以帮助私域电商营销者扩大自身影响力，增加产品的曝光率和关注度。如今，很多已经成为超级IP的网络红人都开通了头条号，以传播自己的品牌，实现内容变现的目标。对于用户来说，这种做法可以获得更好的使用体验，而对于商家和运营者来说，可以拴住更多用户的"心"。

自媒体平台给个人微信号导流，最主要的方式也是软文形式。图8-8所示为头条号"手机摄影构图大全"发布的摄影文章，并推荐了学习摄影的相关书籍，文章中顺势放入了作者的微信号。头条号的内容不做任何截流，即使你的粉丝数量不多，只要内容好就能获得推荐，甚至会推给更广泛的人群。

图 8-8 通过内容引流示例

另外，除了内容引流外，运营者也可以在头条号的简介区放上微信号，吸引他们主动添加。运营者也可以去各种云盘网站下载或者在淘宝上购买一些视频资料内容，作为福利将其赠送给用户，以此吸引用户的关注。

TIPS 063

通过活动推广，进行有效互动

利用微信平台和用户互动是私域流量运营策略的一种，它具有很大的灵活性，运营者可以通过微信发起一些有趣的活动，以此来调动用户参与活动的积极性，从而拉近彼此的距离。

活动策划是一件很重要的事，如果运营者经常推送同类或相似的消息，很容易让用户产生审美疲劳，只有新奇、有趣、适应潮流的活动才能让社群用户保持长久的活跃度。因此，运营者可以将日常消息和一系列有趣的活动交替推送，这样既能维持用户的新鲜感，又能增加平台的趣味性。下面介绍一些运营私域流量时常用的活动形式。

1. 微信签到

微信签到适合线上和线下各种场景，既可以让用户持续关注到你的微信公众号，增大影响力，又能对产品起到宣传的作用。在用户签到的同时，可以累积积分，用来兑换相关的礼品或优惠券，以此调动用户的积极性。

2. 微信抽奖活动

运营者可以开发一些抽奖活动，自定义抽奖概率及奖品，也可以将产品周边物品作为奖品，让受众积极参与到活动中，这样既能调动用户的情绪、聚焦人气，又能拉近用户与企业品牌之间的距离。图8-9所示为某运营者在微信平台上开展的抽奖活动，极具诱惑力的奖品吸引了大量的用户下单抽奖。

图8-9 转发朋友圈活动示例

3. 线上线下整合

实体店运营者也可以通过让用户二维码扫描，关注到店铺在微信平台上发布的活动消息，如果他们对活动的奖品产生兴趣，就可以到线下实体店去参与活动，然后领取奖品。当然，关注即送小礼品、转发有奖等活动也会很受用户的青睐。图 8-10 所示为某 4S 店在公众号中举办的烧烤晚会活动。

图 8-10　线上线下整合活动示例

4. 转发朋友圈

在活动结尾处，运营者可以设置一些抽奖或者其他福利，来吸引用户转发至自己的朋友圈，再由用户的朋友持续传递下去，实现裂变式传播。

▶ 专家提醒

微信活动的效果衡量方式有很多种，例如：
（1）可以根据移动端的流量来衡量。
（2）可以根据粉丝的增长数量来衡量。
（3）还可以根据销售额的增长倍数进行衡量等。
目前业内常用的衡量手段是通过点击和销售额来衡量。

利用场景互动，增强用户体验

无论是在设计互动场景时，还是在场景正式运作时，考虑用户体验都是一件十分重要的事情。通过用户的口碑式传播所获得的宣传引流效果，远比进行商业广告运作更加有效，成本也更加低廉。为促进用户的互动场景体验，运营者可从3个方面着手，如图8-11所示。

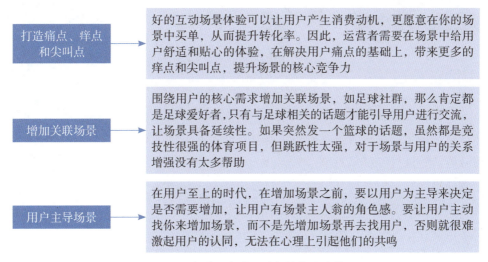

图8-11 促进用户的互动场景体验的技巧

▶ 专家提醒

运营者可以通过构建互动场景，来增强社群粉丝的用户体验。用户体验就是用户在体验场景的过程中，逐步建立起来的一种感受。如果用户体验是良性的，就会促进用户对该场景的认可，良好的用户体验可以提高好评率；如果用户体验是恶性的，就会导致用户离开这个场景。

打造封闭市场，不断复用存量用户

首先，公域流量平台的最大特征就是流量是开放式的，包括微博、今日头条和抖音等平台，用户的言论和行为都是不可控的，我们很难获得相关的用户数据。其次，微信公众号和APP等平台的发展已经非常成熟，流量获取的成本也偏高。

基于以上两点，我们需要不断去挖掘新的低成本市场。今日头条和抖音属于新的开放市场，而QQ、微信群和微信个人号则属于封闭市场，这些渠道的流量成本都比较低。尤其是微信个人号，是不错的封闭市场，具有图8-12所示的特点。

```
┌─────────────────┐         ┌──────────────────────────────────┐
│                 │         │ 运营者可以通过微信个人号集中管理用户 │
│                 │         ├──────────────────────────────────┤
│ 微信个人号的私  │  包括   │ 微信可以即时沟通和互动,与用户保持紧密的关系 │
│ 域流量市场特点  │────────▶├──────────────────────────────────┤
│                 │         │ 微信是私人关系,用户的忠诚度比其他平台更高 │
│                 │         ├──────────────────────────────────┤
│                 │         │ 通过频繁沟通交互,沉淀的数据更精准、高效 │
└─────────────────┘         └──────────────────────────────────┘
```

图 8-12　微信个人号的私域流量市场特点

商家可以通过多种方法将用户导入到自己的微信个人号中,这种方法的成本非常低,甚至是免费的。如果你知道对方的个人信息,如手机号、QQ号或者微信号等,则可以直接在微信的"添加朋友"搜索框中输入这些账号,然后点击"添加到通讯录"按钮,即可申请添加对方为好友,如图 8-13 所示。另外,微信上有一个便捷的工具,那就是"雷达加朋友",这个方法能够同时添加多人,因此对于运营者在进行多人聚会等活动时加好友很有帮助。

图 8-13　通过手机号添加好友

▶ 专家提醒

需要注意的是,在进行接下来的"验证申请"操作时,用户最好输入一个合适的添加理由,避免被对方拒绝。运营者可以把 QQ 号或手机号设成微信号,这样更利于沟通和添加。

目前,微信基本上就是大部分人的网上联络方式,有很多用户在各种网络平台上留下了自己的微信号码，而留下这些人可能会有不同的需求，同时他们希望自己的微信号被其他人添加，如图8-14所示。因此，运营者可以在网络上寻找这种与产品相关的微信号码，主动出击，添加他们为好友。

图8-14 通过互联网留下微信号进行引流

另外，如果你不知道对方的个人信息，那么还可以通过微信的一些基本功能来添加陌生好友，比较常用的有摇一摇、附近的人等方式。

运营者可以利用现有的流量获取途径，将这些流量导入到自己的个人微信号中，打造一个封闭的私域流量环境，搭建私域流量池。这样，运营者不仅可以与用户单独沟通，而且还可以通过发布朋友圈动态进行"种草"，不断提升用户对自己的信任度，同时也可以进一步增加用户的忠诚度。

搭建私域流量池，加强用户黏性

个人微信号也进入了成熟期，许多运营者已经收割了大量的流量红利。另外，随着拼多多、有赞、云集微店等大量基于微信的电商平台崛起，很多传统的电商商家、企业老板和创业者都涌入其中。因此，短视频运营者要尽早布局微信私域流量，才能降低自己的风险，提高收益的可能性。

私域流量的重点在于用户池的培养，通过运营私域流量池来运营用户，加深与用户的关系，提高自己的信任度，具体作用如下。

1. 提升LTV（Life Time Value，生命周期总价值）

将存量用户导入个人微信号搭建私域流量池后，运营者可以不断重复使用这些流量资源，提升LTV，如图8-15所示。通过微信，运营者可以与用户产生更亲密的联系，可以基于产品做延展，不管是二次营销还是多元化营销，只要输出的内容不让人讨厌，就有助于销售。

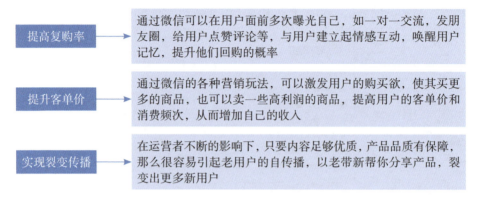

图 8-15 私域流量池对于提升 LTV 的作用

2. 提升 ROI（Return on Investment，投资回报率）

在构建私域流量池时，虽然也需要付出一定的引流成本，但是私域流量池可以衍生出更多变现方式，带来更高的收益，获得更高的投入产出比。私域流量池的重点在于精准的流量运营，然后把引进来的流量转化掉，可以减少无谓的推广成本，达到提升 ROI 的目的。

通过裂变，实现用户爆发式增长

运营者还可以在自己已有的私域流量中努力，想办法让粉丝去分享自己，将自己的微信名片推荐给别人。

当然，想要激起粉丝主动去转发和分享，就必须有能够激发他们分享传播的动力，这些动力来源于很多方面，可以是活动优惠、集赞送礼等，也可以是非常优秀的能够打动用户的内容，不管怎么样，只有能够给用户提供有价值的内容，才会引起用户的注意和关注。

例如，某婴幼儿游泳馆为了打开婴幼儿游泳早教市场，选择了微信裂变红包进行门店品牌宣传，推出了《又来两个亿～开抢了！继续嗨！》微信 H5 裂变活动，获得了不错的裂变分享效果。

裂变红包活动的运用是有讲究的，它的重点是红包裂变，用户只有分享并凑齐人数后才能领取奖品或福利。运营者在制作好 H5 裂变红包活动策划方案后，还需要重点对其进行宣传推广。

该婴幼儿游泳馆将红包活动作为福利分享给门店老顾客，同时在各个线下门店内放置活动二维码，让进店消费的顾客参与活动。当顾客抽取到裂变红包时，红包会进行裂变，从而让顾客进行自发传播。游泳馆通过裂变红包本身强大的"裂变"属性，顾客每次分享红包后，都可以获得10人以上的打开次数，分享效果十分显著，实现了品牌的快速推广，关于活动效果如图8-16所示。

图8-16 H5活动的相关数据

微信红包营销颠覆了传统的品牌营销方式，同时也成为门店分享传播的主流活动方式。尤其是H5裂变红包活动，用户扫码参与活动，可以打开一个组合红包，将其分享给好友领取之后，即可随机获得其中一个红包，让门店品牌通过推荐好友送红包形成裂变传播。

当然，为了更好地促进用户对微信活动进行分享和推广，企业可以在H5页面中添加裂变红包插件，这样用户每次在H5中抽得一次红包奖励，同时还可以收获相应的裂变红包。裂变红包对企业的H5营销活动有很好的推动作用，能够激发用户的分享欲望，极大地提升H5页面的分享率，使其传播范围更大。

利用微信，多做"回头客"生意

淘宝的运营方式是先将流量聚集到平台，然后通过流量渠道分发给商家，用户去淘宝的主要目的就是购物，这种强需求往往能够带来高成交率。

在这一点上，社交电商则恰恰相反，往往是从用户的社交需求入手，商家要先与用户成为朋友，获得他们的认可和信任，然后挖掘用户的消费需求，去进行营销推广。因此，对于运营者来说，可以搭建自己的私域流量池，利用微信多开发新客户和维护老客户。

1. 开发新客户

短视频运营者必须知道的是——"自己的客户在哪里"，这是一个很重要的前提。如今,大部分短视频运营者都不再局限于抖音、快手、淘宝和京东等平台,可能已经开始尝试各种社交渠道来引流,包括微信朋友圈、QQ空间、微博、微店等。因此,在不同的社交渠道上形成了独立的商圈,这些商圈中的客户大部分是分开的,但可能存在重叠的情况,从而导致流量分散得非常严重。

流量的分散,说明客户也都是分散的,再加上社交应用上的电商交易环节并不完善,很多时候可能客户就是给你发个红包,然后就完事了。这样做虽然越过了电商平台的交易渠道和门槛,但是客户数据却变得更加难收集。所以,运营者一定要通过微信来建立私域流量池,把客户集中到一个池子里,来集中管理所有的客户数据,并且与他们建立稳固的客户关系。

当然,如果流量池比较大,运营者用传统的手工方法去统计数据的话,就会非常麻烦。此时,商家可以使用一些微信分销系统来辅助管理,可以根据客户来源进行统计,主要作用如图8-17所示。

图8-17 微信分销系统的辅助作用

微信分销系统可以让客户通过朋友圈子帮助商家卖货,不仅能提升销量,还可以将有效客户沉淀下来,刺激其不断复购。图8-18所示为微盟分销系统的业务流程,可以帮助商家激励客户参与卖货。

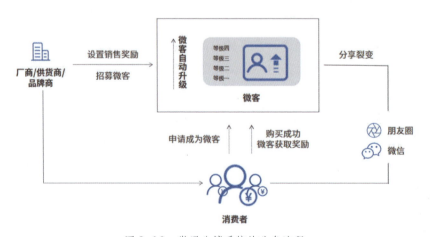

图8-18 微盟分销系统的业务流程

2. 维护老客户

对于那些开店时间长的运营者来说，肯定都知道维护老客户的重要性。通常情况下，开发一个新客户需要花费的成本包括时间成本和金钱成本，等于维护10个老客户的成本。

然而，新客户为你带来的收入往往比不上老客户。因此，运营者需要通过私域流量的运营，做好老客户的维护工作，这样不仅可以让他们更信任你，而且还会给你带来更多的效益。图8-19所示为维护老客户的主要作用。

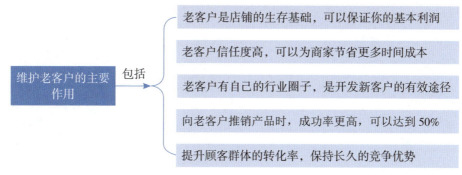

图8-19 维护老客户的主要作用

运营者要想长远发展，就需要不断去开发新客户，而要想生存，则需要持续维护老客户，获得更多的"回头客"生意。例如，在一些重要节点上，运营者可以通过微信、短信或者社群通知老客户，提醒一下发货、物流、收件等信息。下面重点介绍一些通过微信维护老客户的技巧，如图8-20所示。这虽然只是一些小举动，却能够增加客户对你的好感和信任。

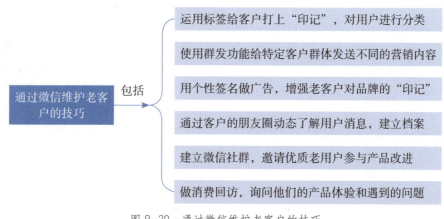

图8-20 通过微信维护老客户的技巧

老客户都是已经购买过产品或者熟悉产品的人，他们对产品有一定的了解，商家可以进行定期维护，让老客户知道我们一直关心和在乎他们，来促进他们的二次消费。不管是哪个行业，商家都可以通过快速吸粉引流来短暂地增加商品销量，但是，如果你想要获得长期稳定的发展，并且形成品牌效应或者打造个人IP，那么维护老客户是必不可少的一环。

第 9 章

视觉设计：
10个视觉元素打造个人IP

视觉营销的英文为 Visual Merchandising，简称 VM 或者 VMD。随着短视频平台的迅速崛起，如何在短视频运营中利用视觉营销提高品牌知名度、创造利益，是新媒体运营者关注的重点，也是难点。本章主要介绍视觉营销的入门知识，以及视觉设计元素等内容。

名字：简单易记，锁定第一利益敏感词

短视频平台的名字需要有特点，最好和定位相关，还能让人眼前一亮。例如，抖音上的"手机摄影构图大全"和"构图君"这两个账号，名字通俗易懂，还与定位有关，如图9-1所示。

图9-1 通俗易懂的账号名字

在设置账号名字时有3个基本技巧，具体如下：
（1）名字不能太长，太长的话用户不容易记忆。
（2）名字尽量不要用生僻字或过多的表情符号。
（3）最好能体现人设感，即看见名字就能联系到人设。

人设是指人物设定，包括姓名、年龄、身高等人物的基本设定，以及企业、职位和成就等背景设定。这样，用户一看就知道你是做什么的，如果他对你的业务有相关需求，便会直接关注你的账号。

头像：无形资产，深深印在用户心中

现在社会的物质生活水平越来越高，用户的选择范围扩大，用户的选择标准也越来越多元化，不仅注重各类新媒体平台提供信息的数量与质量，还对品牌整体视觉设计风格提出了更高的要求。

第9章 视觉设计：10个视觉元素打造个人IP

在短视频的视觉营销当中，企业的品牌头像是用户第一眼就会注意的地方，它一般都会被放在短视频账号最显眼的位置，如图9-2所示。所以，头像设计得是否合理，也可以成为用户要不要点进去浏览一番的重要判断标准。

图9-2 "天猫超级品牌日"头像标志

甚至有些品牌头像已经成为某个品牌的重要符号，很多人在选择商品和品牌时，都会通过品牌头像来判断品牌，客户可能不知道品牌的正式名称到底是什么，但他们一定会认识品牌头像，从而选择关注该品牌推出的短视频账号。

如果直接报上该汽车的大名，可能大家还需要一段时间才能真正反应过来，部分对汽车品牌了解比较少的门外汉，可能都不知道这串文字到底代表什么含义。如果给他们看该汽车的头像标志，大概90%的人都认识这个大名鼎鼎的汽车品牌。

所以，就现在的趋势来说，企业与商家品牌头像的作用越来越显著，甚至在视觉营销中，可以算得上是企业与商家的无形资产。头像可以说是一个短视频账号的名片，不能随意更换，所以，企业或商家在设计头像之初就应该严加考虑如何使头像兼具美感和实用性。

为了重视视觉效果的打造，接下来以图解的形式介绍品牌头像设计应遵循的原则，如图9-3所示。

图9-3 品牌头像设计应遵循的原则

1. 注重协调性与简洁性

在中国古代建筑中，建筑师十分注重"中轴线"原则。意思就是整个建筑的设计应该是对称的、均等的。这种建筑形式之所以被主流所认同，也是因为具有协调性的东西可以最大程度上让人感到身心愉悦，看上去舒服、干净，能让人产生的强烈生活感。

图9-4 北大校徽

所以，一般来说，品牌头像的设计最基本的一条原则就是协调性强。其实，很多著名的设计师都会选择简单均衡的方式设计品牌头像，这样能够凸显出高贵与大气。很多时候，简单比繁复更加让人心动。图9-4所示为北大校徽标志，最初的设计者鲁迅先生便是采用对称结构和篆书字体来设计北大校徽的。

2. 注重头像应与品牌风格一致

在设计品牌头像时应注重与短视频账号定位或企业产品定位一致，树立鲜明的特色。例如，某护肤品牌致力于植物萃取草本精华护肤，所以，它的头像设计得非常清新自然，体现了将纯净的自然植物原料装进环保容器的设计理念，人们会直观感受到护肤品的自然和温和。再如，某企业名称中含有"龙"这个字眼，于是设计师将"龙"这个元素融入了设计理念中，而该企业又是从事图书出版行业的，"图书"这个元素自然而然也要出现在品牌头像中，如图9-5所示。

图9-5 某企业的头像

短视频运营者在设计头像时，可以将设计的重点放在体现新媒体平台的整体定位上，从而加深用户的影响，提高用户的关注度。

3. 注重文字排版

在进行企业品牌头像设计时，运营者常常会直接在头像中嵌入品牌的名称，从而提高企业品牌的认知度，避免了需要用户对图片与文字的双重记忆。用艺术字将企业名称作为企业品牌头像的企业不在少数。

图9-6与图9-7所示为鲁迅先生设计的封面，他灵活地将艺术字体运用到书装设计中，尤其是《萌芽月刊》的设计，能让人真切地感觉到每个字都处于萌芽

状态,仿佛能给人以希望。

图9-6 鲁迅译著《艺术论》封面　　图9-7 《萌芽月刊》杂志封面

但从美感角度来说,正正方方的中文并不像流畅的英文那样好排版,看起来可能会有些呆板。所以,运营者需要研究到底要如何设计头像,才能让它的美学意义从五花八门的短视频视觉营销当中脱颖而出,成为品牌一路向前奔走的领头羊。

▶ 专家提醒

在设计品牌头像时,除了要注重与企业的发展定位与风格一致外,在进行品牌头像设计时要注重文字排版的和谐美观,切忌杂乱无章。

总而言之,一个成功的具有鲜明特征的品牌头像设计,其文字排版也必须极具美感。准确来说,文字排版是否具有美感是判断品牌头像设计是否科学成功的重要标准。

简介:简单易懂,加入最佳服务信息

除了头像、昵称的设置之外,短视频运营者还可在"编辑个人资料"界面中填写性别、生日/星座、所在地和个人介绍等个人资料。

在这些资料中,短视频运营者需要注意的是账号简介。一般来说,短视频账号简介应简单明了,一句话就可以突出重点。其主要原则是"描述账号+引导关

注",基本设置技巧如下:

(1)前半句描述账号特点或功能,后半句引导关注,一定要明确出现关键词"关注",如图 9-8 所示。

(2)账号简介可以用多行文字,但一定要在多行文字的视觉中心出现"关注"两个字。

(3)用户可以在简介中巧妙地推荐其他账号,但不建议直接出现"微信"二字,如图 9-9 所示。

图 9-8 在简介中引导关注　　　　　图 9-9 巧妙推荐其他账号

封面:展示特质,抓住用户取向和喜好

短视频封面能够影响用户对你的作品的第一印象,如果封面足够吸引人的话,还能给你增加很多人气。短视频封面要有主人公,要做一个"封面党",可以参考电影海报的设计。

笔者建议运营者结合要输出的内容展现特点,有设计性地去做一张封面图。设计封面图的基本技巧如图 9-10 所示。

第 9 章 视觉设计：10 个视觉元素打造个人 IP

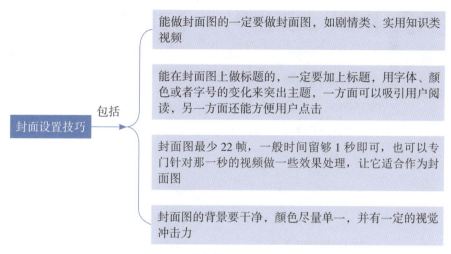

图 9-10 抖音封面设定的基本技巧

另外，抖音的默认封面设置为动态展现效果，进入个人主页后，可以看到很多作品的封面都是动态展示的，以此能够吸引用户点击观看。短视频运营者只需要进入"设置"|"通用设置"页面，打开"动态封面"开关即可，如图 9-11 所示。

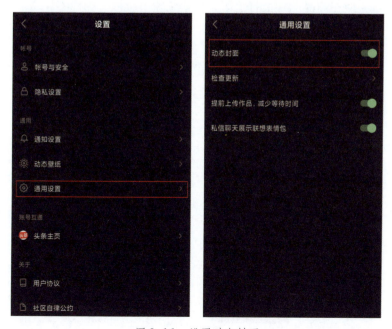

图 9-11 设置动态封面

175

标签：重要符号，小心引导账号推广

TIPS 073

标签作为一种重要的符号，能引导短视频账号的推广，如果不规范使用标签，就容易影响新媒体平台的公众形象，造成不必要的损失。运营者在制定标签时应按照相应的制作标准开展工作，明确标签制作标准的具体内容。下面以图解的形式介绍标签制定标准的内容，如图9-12所示。

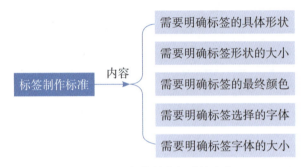

图9-12　标签制作标准的内容

图9-13所示为抖音号"手机摄影构图大全"橱窗中的图书，该运营者为了提升销售量，便在商品图片上打上了"化学工业出版社"的标签。

图9-13　某产品标签图

第 9 章　视觉设计：10 个视觉元素打造个人 IP

口号：账号代言，加深用户的记忆点

宣传口号，顾名思义就是利用一句话对某个品牌的总结。好的短视频宣传口号需要满足简单好记、押韵魔性两个特点。

图 9-14 所示为某手机品牌的广告语，该广告语为某品牌手机的推广起到了不可估量的作用。

图 9-14　某手机品牌的广告语

某短视频中的这句宣传语大概是大家最熟悉的一段话了，十分易读易记，听完一遍，会不断在大脑中进行单曲循环，深深地刻印在观众的脑海中。让用户留下深刻的印象，就是宣传语应该起到的效果。接下来分析一下好的宣传语应该遵循哪些原则。

1. 越简洁越好

一般的品牌都会选择简洁的宣传语，便于宣传语的传播，扩大品牌影响力。图 9-15 所示是某巧克力派的宣传口号。

图 9-15　某巧克力派的宣传口号

虽然只有 5 个字，但是"有仁有朋友"这个宣传口号，营造出了一种温馨的氛围，体现了人与人之间友好的交往，充满正能量，同时也很符合休闲食品的定位。

177

▶ 专家提醒

好的宣传口号应该和视觉营销相结合，不断吸引用户，加深用户的记忆，树立品牌形象。

2. 在宣传口号中点出品牌范围

有一些名牌在构思宣传口号时，会选择将品牌功能在其中点明，这样就能立马让买家知道品牌所销售的范围。例如，某网站短视频广告选择的宣传口号就是"找工作，上××直聘"，这就很明显地指出了该网站是一个招聘平台。

3. 带韵脚更方便记住

背诵诗歌时，小朋友都比较喜欢有韵脚的诗词，因为朗朗上口，更加便于记忆。其实宣传口号也是同样的原理，有韵脚的广告词念起来更顺口，多念几次也就记住了。例如，某饮料的广告词为"让你心跳，不如尖叫"。很多读者应该都十分熟悉，一般听到上半句就会顺口补出下半句来。

▶ 专家提醒

企业和商家在设计宣传口号时，应该尽可能在宣传口号中向消费者传递更多产品信息，帮助消费者了解自身品牌的定位及主打风格，从而寻求消费者与品牌的契合点，从而激发消费者的好奇心。好的宣传口号应是积极乐观向上的，因此，在设计的宣传口号除了要朗朗上口、易于传播之外，还应注重宣传口号的社会作用，注重社会正能量的传播。只有具有激励作用的宣传口号，才能为企业品牌注入活力。

活体：充当形象，代表品牌的人或物

品牌活体指的是充当品牌形象的人或物，主要分为4种类型，如图9-16所示。

图9-16 品牌活体的主要类型

图 9-17 所示为某休闲食品的品牌活体。该品牌活体是量身打造的三只可爱俏皮的松鼠,它们既能体现产品的形象特征,又拥有动态的卡通形象、暖心的语言、生动的表演及软萌的外在形象,大大增加了短视频账号或企业品牌的记忆点,给消费者留下了不可磨灭的印象。

图 9-17 某休闲食品的品牌活体

TIPS 076 色彩:风格独特,选择惯用的主色调

从视觉营销的角度来说,如何吸引用户与留住用户是较为重要的问题。所以,许多短视频运营者在视觉设计上花了很多心血,其实就设计来说,色彩的构造是一个基础却又复杂的学问。下面将重点分析两个案例,短视频运营者可参考这两个案例,将自己的快手小店或抖音橱窗设计得更具美感。

精致的色彩搭配会让人觉得赏心悦目,产生兴趣,很多品牌店铺的配色都与它产品的定位有关,如某护肤品牌的店铺界面如图 9-18 所示。

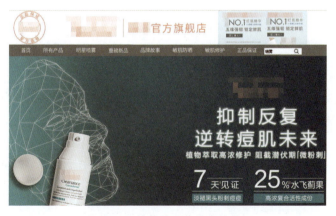

图 9-18 某护肤品牌的店铺界面

笔者进入官方旗舰店,很明显可以看出,该店铺整体色调都是蓝色系,其实这是因为该护肤品牌这个药妆品牌主打的就是"舒缓修复",因此并没有跳出一

个突兀的大红色或是黄色，这个配色比较舒缓，基于此种考虑的色彩搭配，可以让消费者在浏览时比较舒服，不至于被太多颜色晃花眼睛。

当然，除了这种比较清新的色调搭配以外，也有一些品牌故意使用差异很大的颜色进行碰撞，制造出富有生机的感觉。但是一般运用这种配色的，都是少女系的服装品牌。例如，某服装品牌主打的是少女系服装，该品牌的官方旗舰店首页配色十分大胆，如图 9-19 所示。

图 9-19　某服装品牌的官方旗舰店首页

字体：个性鲜明，增减用户的辨识度

品牌的字体设计也是视觉效果中的重要组成部分，因为字体设计的好坏能够影响客户对于品牌的辨识度和认知度，从而进一步影响产品的销量和视觉营销的效果。

一般而言，品牌字体的设计是为了成功进行短视频视觉营销而做的基本工作，因此需要注意一些细节，如图 9-20 所示。

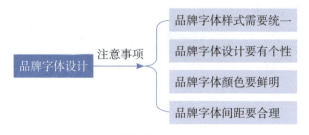

图 9-20　品牌字体设计需要注意的问题

元素：视觉信息，抢占用户第一印象

短视频运营者只有注重视觉设计，才能保证良好的视觉营销效果。基本的视觉图形元素主要分为三大类型，即点、线、面；视觉信息元素主要分为时效性、利益性、信任感、认同感、价值感和细节感。

1. 点：简单的焦点视觉感

"点"属于最为简单的视觉图形，当它被合理运用时就能产生良好的视觉效果。图 9-21 所示为某品牌的圆点连衣裙，以单纯的白色为底，加以简单的黑色圆点进行点缀，圆点视觉元素的运用，增加了产品亮点的同时，通过对点的有序排列，给用户带来好的视觉享受，快速抓住用户眼球。

再看某品牌的一款牛皮单肩包，该产品以金色为主体色，给人以高贵优雅之感，放大的圆圈 Logo 置于视觉中心，体现产品的设计特色，这款产品利用点带来的焦点视觉感和优雅的色彩，凸显了该产品的尊贵与优雅的气质，如图 9-22 所示。

图 9-21　某品牌连衣裙

图 9-22　某品牌的牛皮单肩包

2. 线：富有动感的视觉效果

线和点不同的地方在于，线构成的视觉效果是流动性的，富有动感。图 9-23 所示为柔和的线条组成的视觉效果图，简单的几根线条加上同样是线条组成的字母，给人一种舒适的视觉享受，同时也能够在消费者心中留下深刻印象。

在短视频平台中，通过线条营造富有动感的视觉效果，能有效地突出产品个性。图 9-24 所示为某手机品牌的全陶瓷尊享版新品，画面的主色调为纯黑色，简单的背景图，凸显了手机的金属感与线条，使整个画面简洁明了，提升了图片的整体质感，而位于画面右侧的手机屏幕与五彩缤纷的线条融为一体，不仅能有效地突出这款产品的特点，还能吸引大家的关注，给用户带来强烈的视觉冲击，增加用户对这款产品的记忆点。

图 9-23 富有动感的线条广告

图 9-24 某手机品牌新品

3. 面：让视觉效果更丰富

面是点放大后的呈现形式，通常可以分为各种不同形状，如三角形、正方形及圆形等，还可以是不规则的形状。

图 9-25 所示为某短视频平台中的店铺广告图，它采用了彩带、圆球和星星等图形，弥漫着温馨的气息。此外，该广告图用粉红色的背景吸引用户目光，与母亲节的主题相互呼应。总的来说，该广告图给人带来一种舒适的视觉效果。

图 9-25 天猫美妆首页广告图

短视频运营者在视觉营销中采用不同平面的拼接、组合，突出了产品的卖点，从而使营销产品的视觉效果更加丰富。不同板块的衔接，不同色彩的组合带来的强烈视觉对比，向用户呈现出最佳的视觉效果，从而达到视觉营销的目的。

4. 视觉时效性

时间在视觉营销中占据着举足轻重的地位，因为时间的把握对于视觉效果的打造和推出很重要。在这个信息大爆炸的时代，信息不仅繁杂，而且发布、传播都很快，如果想引起消费者的关注，就要抢占最佳时机，做到分秒必争。

那么，短视频运营者到底应该如何保证视觉时效性，抢占视觉效果的第一印象呢？笔者将其技巧进行了总结，如图 9-26 所示。

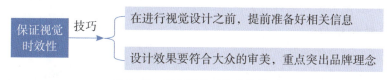

图 9-26　保证视觉时效性的技巧

5. 视觉利益性

运营者要想利用视觉效果传递令他人感兴趣的信息，首先就应该锁定用户的基本利益需求。一般而言，当用户在浏览信息时如果看到了赠送、优惠等字眼，就容易激发用户的好奇心，引起用户的关注，从而提高点击率。

因此，企业和商家可以通过放大字体、颜色对比等方法重点传达此类信息。图 9-27 所示为某手机品牌 PRO7 广告图。

图 9-27　某手机品牌 PRO7 广告图

6. 视觉信任感

基于在线购物的虚拟性，很多消费者对运营者都没有足够的信任感。因此，运营者在传达信息时，加入售后服务热线与退货服务等信息，能够让消费者放心购物，从而提升店铺的转化率。

值得注意的是，在短视频视觉营销过程中，运营者应为消费者提供真实可信的产品信息及相关产品服务信息，从而增加消费者对产品及商家的信任度，最终提高商品的销售额。另外，运营者在视觉营销中加入最佳服务信息，有利于增强消费者对店铺的好感，扩大品牌影响力。

7. 视觉认同感

在传达视觉信息的时候，短视频运营者可以利用大家喜爱的明星或者名人来获得用户的认同，提升用户的好感度，从而为产品的营销活动提供更多的关注，最终提高产品销售量，达到视觉营销的目标。

8. 视觉价值感

短视频运营者传达信息要准确，并且要清楚地分配每个页面的具体作用，而做好这些工作的基础就是深度了解目标受众的取向和喜好，体现视觉信息的价值感。在页面传达信息时，可以在页面上直接注明重要信息，起到突出强调作用，值得注意的是，标注的信息要注重语言的提炼，注重核心信息点的传达。

9. 视觉细节感

短视频运营者在传递视觉信息时要注重视觉细节的准确到位，此处细节到位不是说面面俱到，越详细越好。因为图形的范围有限，消费者能够接受的信息也是有限的。如果一味地追求细节，就会陷入满屏的信息之中，无法凸显重点。那么，怎样才能让视觉的细节到位呢？笔者将方法总结如下：

（1）突出打折、新品等重要的视觉信息。

（2）颜色对比要协调，避免无关的信息。

▶ 专家提醒

人的视觉是不可能看到所有的细节的，因此，视觉设计只需要突出想要传达的信息就行。多余的细节只会造成画面的混乱，影响用户对重要信息的摄取，继而导致视觉营销效果的不佳。

第 10 章

视觉营销:
6个技巧让信息高效传达

如今,短视频带货越来越发达,很多传统行业也实现了电商化,同时营销方式也在与时俱进,视觉营销便是短视频带货中常用的一种营销方式。它不仅能够提升产品销量,还能为企业打造品牌、塑造形象贡献出一己之力。

解析：何为视觉营销？有何意义？

随着电子商务的迅速发展，视觉营销的作用也越来越重要，因为首先映入消费者视野的是产品的图片。在这个被信息包围的世界，无论是走在大街上，还是打开电脑和手机，都会接触到各式各样的广告。图10-1所示为豆瓣社区中的广告。

图10-1 豆瓣社区中的广告

网络中的广告，不仅在社交平台俯拾皆是，在短视频平台也是随处可见。那么，如何用广告来吸引消费者产生购买行为呢？视觉营销是关键。一般而言，视觉营销的定义要点包括4个方面，如图10-2所示。

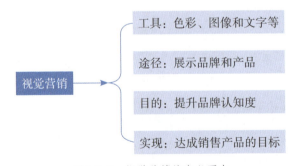

图10-2 视觉营销的定义要点

以抖音短视频为例，一打开短视频，就会看到让人移不开目光的视频和文字，如图10-3所示。可以看出，无论是精彩无比的视频内容，还是创意十足的文字，

第 10 章 视觉营销：6 个技巧让信息高效传达

都足以对浏览者造成视觉冲击，从而点击购物车，进入商品的购买页面，最终实现营销效果，这就是视觉营销。简单来说，视觉只是方法，营销才是目的，二者不可分离。

图 10-3 抖音短视频

视觉营销的意义则更加清晰明了，特别是短视频运营者的视觉营销，因为它本来主要就是利用效果较好的视觉表达吸引消费者，给他们留下良好的印象，从而将产品销售出去。因此，店铺视觉营销的意义其实也与销售额密切相关，主要体现在 3 个方面，如图 10-4 所示。

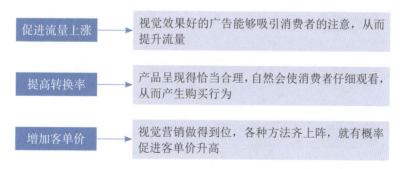

图 10-4 店铺视觉营销的意义

此外，视觉营销还能有效提升消费者对品牌和产品的信任度，从而增强品牌的认知度和好感度，让消费者进行再次购物，赚取更丰厚的利润。

了解：消费者的购物流程

要想弄懂视觉营销，短视频运营者就应该先了解消费者的购物流程，学会从消费者的角度出发，认真分析消费者的心路历程。

值得注意的是，这个购物流程可能不是严格按照步骤顺序进行的，因为很多消费者会略过步骤直接进行购买，只能说这是一个概括性的方法。

首先，消费者为什么会购物？一般而言，是因为他们遇到了问题，产生了购买欲望，所以选择购物。

接下来，商家应该考虑到潜在消费人群有哪些，从而确定目标受众。在考虑这一点时，应该注意几个问题，如图 10-5 所示。

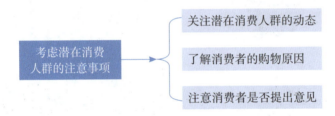

图 10-5　考虑潜在消费人群的注意事项

然后，消费者就要开始对产品做出选择了。在这一环节中，消费者主要会考虑图 10-6 所示的信息。

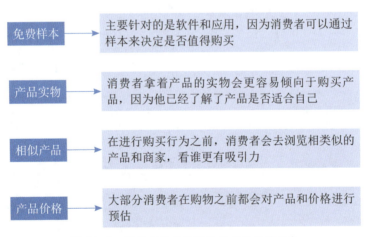

图 10-6　消费者做出选择时考虑的相关信息

针对以上信息，商家需要注意的事项有 3 个，如图 10-7 所示。

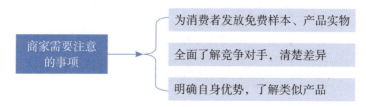

图 10-7　商家需要注意的事项

同时，消费者在了解产品和商家的信息时，会采用多种不同的途径，如图 10-8 所示。

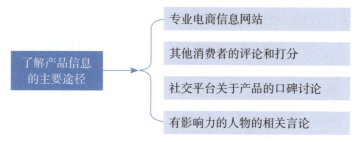

图 10-8　了解产品信息的主要途径

针对消费者的行为，商家应该关注 3 个方面，如图 10-9 所示。

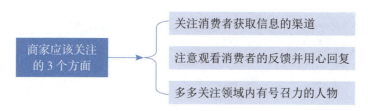

图 10-9　商家应该注意的事项

最后，就是消费者的购物体验。这里看起来好像已经完成了购物之旅，实际上，对于商家和消费者而言，并不是真正的结束。由于是网络购物，因此消费者还会关注一些产品服务问题，如图 10-10 所示。

图 10-10　客服问题的具体内容

同时，运营者就应该对这几个问题进行反省和提升。从这些大致的购物流程来看，运营者只有亲身经历了购物，才能清楚了解消费者的心路历程，从而精确地为他们提供想要获得的信息和服务，顺利地进行视觉营销。

剖析：创造什么样的视觉内容？

短视频在利用视觉效果促进营销时，比较重要的一点就是明白到底需要创造什么样的视觉内容，或者说是在打造视觉内容的时候应该注意哪些问题。

很多运营者家在打造视觉内容时没有清晰明确的思路，或者考虑的因素并不是那么全面，就会造成视觉混乱的结果。而真正成功的视觉营销是需要优质的视觉内容作为支撑的，因此，运营者需要注意一些问题，如图10-11所示。

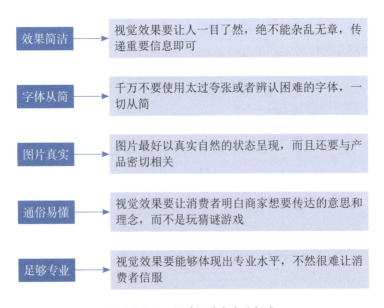

图 10-11　优质视觉内容的标准

如果注意了以上几点问题，再对细节方面多多注意，运营者就能打造出比较优质的视觉内容，从而有效吸引流量。

优质的视觉内容往往与简洁且突出重点的文字、精美而真实的图片相连，这也是它能够吸引消费者购买的原因，如图10-12所示。

第 10 章 视觉营销：6 个技巧让信息高效传达

图 10-12 优质的视觉内容

▶ 专家提醒

当然，在创造视觉内容的时候，运营者还有一点需要注意，那就是究竟什么素材适合自己的产品和品牌。

任何运营者在进行视觉营销时，都是为了销售产品和传达品牌理念，从而获得持续的收益。那么，运营者在创作视觉内容时，就需要对自身进行剖析和细分，这样一来，就能将品牌、产品和视觉内容有机结合在一起了。

创造：有价值、易消化的视觉内容

任何事物都需要用内容作支撑，短视频视觉营销也是如此。可以说，视觉内容是展开视觉营销的基础，它需要具有价值，不然消费者不会欣然接受，当然也就无法顺利进行视觉营销。

而且，随着线上购物的不断发展，以及口碑效应的日益累积，消费者的评论和反馈显得越来越重要，他们传递的视觉内容同样也影响着短视频运营者的销售额和品牌形象。那么，不同的商业类型究竟适合什么样的视觉内容呢？笔者将其总结为几点，如图 10-13 所示。

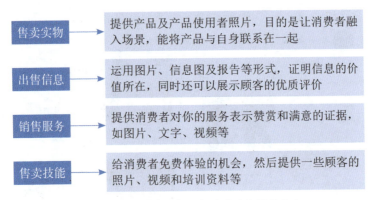

图10-13 不同的商业类型适用的视觉内容

了解了不同商业类型适用的视觉内容之后,短视频运营者还要为视觉内容的优质与否制定标准,如图10-14所示。

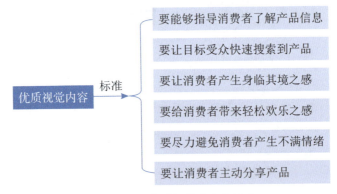

图10-14 优质视觉内容的标准

短视频运营者做到了以上几点,那么视觉内容就可以算得上是比较出众了。当然,还有一点不可忽视,那就是视觉内容要遵从简单的原则——通俗易懂。而且,运营者在打造内容时,还要对消费者做出保证,这样才能为视觉营销的成功打好基础。

展现:使用图形与可视化工具

在传达营销理念的时候,图形和可视化工具是不错的选择,这对于短视频视觉营销也是不可或缺的。

第10章 视觉营销：6个技巧让信息高效传达

图形更容易概括信息，也能够避免人们长时间地观看冗长呆板的文字，可视化工具主要有思维导图、饼图及表格等，图形的具体优势主要体现在6个方面，如图10-15所示。

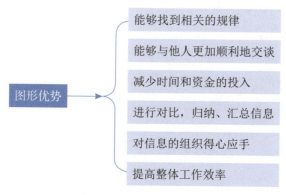

图10-15 图形的具体优势

▶ **专家提醒**

图表的形式主要分为五种，即流程图、层级图、折线图、维恩图及时间线，下面笔者对它们进行具体分析。

（1）流程图：适用于展示事情运作的具体步骤，如介绍产品。

（2）层级图：比较适合展现案例调查报告，因为它可以对事物进行分类，从而展示其相互联系。

（3）折线图：它是为产品的销售状况量身打造的，能够记录一段时间的数值变化状况。

（4）维恩图：又名Venn图、文氏图、温氏图及范氏图，它是通过圆圈来表述不同信息的内容。

（5）时间线：与时间密切相关，主要体现时间与数据的关系。

至于可视化工具，除了以上提到的几种，还有Power Point。以前做演示报告大部分都是用Power Point，而随着信息技术的飞速发展，如今不仅可以用iPad做报告，还可以使用手机移动端。下面介绍几种便捷的工具，如图10-16所示。

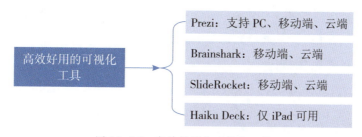

图10-16 高效好用的可视化工具

利用：视觉相关专业知识

短视频视觉营销中的封面包装与店铺装修还可利用专业知识进行强化，因为掌握消费者的心理是传达信息的重中之重。本节将介绍几种常用的视觉布局。

1. 突出重点信息

图形是有界限的，包括一定的范围，而画面之中的内容所处的位置代表了它的地位。一般而言，重要的信息会放在显眼的位置，而次要的信息则会放在角落。因此，在进行视觉营销时，要把重要的信息放在图片中间，而且想让消费者一次性看完的信息要放在一起，尽量避免分开。图10-17所示为品牌广告对重点信息的凸显。

图10-17　品牌广告对重点信息的凸显

有的短视频运营者不注重产品图片位置的摆放，没有突出重要的信息，如折扣、优惠等，就会白白错过大量的消费者，因为消费者是不会花时间去筛选重点的，运营者必须注意。

2. 陈列简单的信息

通常在太多选择中人们都会难以抉择，从而造成疲于选择的后果。图10-18所示为短视频运营者的店铺首页，杂乱无章的信息分布，没有条理的位置摆放，会让人难以分辨重点，从而使用户失去购买的欲望。

图10-19所示为某护肤品美官方旗舰店首页，它给人一种舒适的视觉效果，不仅在色彩上十分和谐，而且对信息进行了合理的布局，突出重点，导航清晰。显而易见，这样的视觉效果更容易得到消费者的青睐，能有效提升店铺的转化率，促进产品的销售。

图 10-18　信息混乱的店铺首页

图 10-19　色彩一致、信息有序的美加净首页

3. 自然的场景带入

由于心理作用，消费者有时会把自己带入到图片场景中，特别是当画面场景与消费者心理高度吻合时，效果会更加显著。因此，短视频运营者在拍摄产品时，应该首先找准受众，然后对产品进行准确的定位，最后就是根据定位和受众来拍摄短视频。

如图 10-20 所示，该短视频不仅以暖阳、光晕、青山、绿水及湖边小筑组合成的画面展示了该旅游景点的美，还通过游客摄影的状态进行渲染和烘托。该短视频寥寥几个画面，将西欧美景全景式地展示在用户眼前，从而吸引用户前往该景点观光旅游。

图 10-20 通过场景带入旅游宣传广告

▶ 专家提醒

场景的带入需要利用消费者的感性心理,要让他们在看到图片后就能够产生情感共鸣,从而对商品产生好感。

当然,这就需要运营者在设计视觉效果时把握好场景和产品的契合度,尽量用恰当的图片,继而从视觉效果中传达出自己的品牌理念及产品特色。

4. 合理分配页面资源

合理分配资源,可以通过 20% 的高效产品来占据 80% 的内容、位置和吸引力,也就是利用 20% 的产品来赢得 80% 的利润。

一般来说,导航栏标有"hot"的版块就是店铺的主推区,即 20% 的热销产品,秋冬热卖占据了最大的版面,而商场同款和品牌清仓紧随其后。

5. 简单的页面设计

凡事至简其实才是不容易做到的,而简洁对于打造视觉效果而言也是重要的原则之一。实际上,消费者都比较喜欢简洁而且不费力的视觉效果,这样能够更加快速地获取想要的信息。图 10-21 所示为某抖音运营者橱窗中的产品宣传图,该运营者采用了十分简单的设计,让用户一目了然。

图 10-21 遵从简洁原则设计的视觉效果

6. 运用通感移觉手法

对食物类的产品而言，短视频运营者运用通感的手法，将视觉效果打造得格外细腻、逼真，或者看起来让人垂涎欲滴，就能够达到视觉营销的目的。图10-22所示为看起来十分美味的产品图。

图10-22 应用通感效应的产品图

视觉心理学对视觉营销的重要程度是不言而喻的，除了以上几种视觉心理知识，还有很多种心理知识可以运用到视觉设计之中。重要的是，商家要细心了解这些原则和方法，从而有效推动视觉营销。

▶ **专家提醒**

人不同感官的感觉可以通过联想的方式联系在一起，比如"观世音"，声音本来是用来听的，但是此处却是用的"观"字，让听觉转换成了视觉；又如宋祁的诗句"红杏枝头春意闹"，春意本身是视觉的特征，但是词人用的是"闹"，因此视觉便转换成了听觉。以上两个案例都用的是通感的手法，该修辞手法的概念及完整的理论是钱锺书先生在《通感》一文中提出的。

7. 主次分明

在同一个商品橱窗中呈现商品，主次是要进行区分的，不然就无法有效突出重点商品，提升店铺的转化率。可能有的系列产品刚推出，不知道哪款产品更具优势，这个时候可以采用同等面积进行陈列，但如果已经明确了产品的优势方向，就应该对其进行面积的划分，如图10-23所示。

图10-23中主要是为了突出价格比较适中的商品，因此，在画面中占据了约1/2的面积，对999元的马丁靴进行了强力推荐。

图 10-23 主次分明的商品陈列

8. 颜色参差

不同的色彩相混合会让人产生视觉冲击感,而相同色彩放在一起则会让人忽略商品的个性特征,"万绿丛中一点红"就是颜色对比产生冲突之美的证明。如果没有色彩的对比,商品的特征就难以体现,那么也就别提转化率了。

图 10-24 所示为抖音橱窗中相同色系的商品陈列,因为色彩的相似,让人的眼光无法聚焦,很容易忽视其中的商品类型。

图 10-24 同色系商品陈列

第 10 章 视觉营销：6 个技巧让信息高效传达

具有强烈对比的色彩陈列更加吸引目光。图 10-25 所示为某抖音橱窗中的商品陈列，该橱窗中红绿色彩对比强烈，消费者的注意力容易被集中。

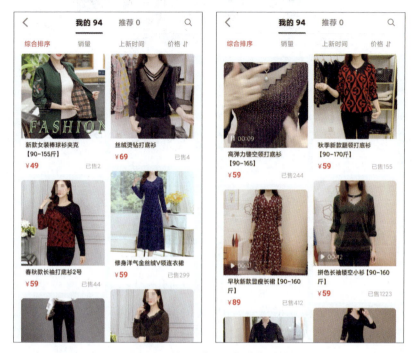

图 10-25　色彩对比强烈的商品陈列

▶ 专家提醒

颜色冲突能够聚焦消费者的目光，但色彩的对比也不能频繁杂乱地使用，凡事都要掌握分寸，从色彩对比中可以展示冲突之美，也可以呈现破坏之景。因此，色彩的对比要适当运用。

9. 风格统一

短视频运营者对商品进行陈列时，风格与类型需要进行规划，不能随意搭配陈列。例如，裤子和裤子放在一起，袜子和袜子放在一起；甜美的风格放在一起，通勤款放在一起。这样的话，就可以把有固定需求的消费者集中在一起，从而有效推动商品点击率和转化率的提高。

图 10-26 所示为各种类型、风格不一的鞋子，有夏天穿的通勤宽的粗跟凉鞋，有秋天穿的舒适平底皮鞋，还有冬天穿的保暖鞋。这 4 种商品陈列在一起，显得没有逻辑，杂乱无章，让消费者摸不着头脑。

图 10-26　风格不一的商品陈列

再来看相同类型的商品陈列在一起的视觉效果。如图 10-27 所示，将同样都是淑女风格的低跟鞋放在一起陈列，不仅对消费者选购商品有利，而且还能通过这样的陈列方法找出同类商品中具有优势的商品，从而考虑将热销商品展示在更显眼的位置，促进商品的销售。

图 10-27　同类型商品的陈列

商品陈列主要是为了让消费者看清楚商品的特征和优势，从而推动商品的销售。陈列的时候既不能太多也不能太少，多了会杂乱，少了会显得库存不足，因此，要做到合理分配，既展示出商品的类型多样，又重点突出商品特征。

图 10-28 所示为合理布局的商品，该运营者在模特的选用、色彩的搭配及空间的安排上都有所标准，打造了良好的视觉效果。

图 10-28　商品合理陈列

10. 规划排序

了解了商品排列的基本方法后，短视频运营者就要对品类排序进行深入的研究和规划，品类排序的重点是既要美观，又要把店铺内热销的商品呈现在消费者面前。

以主打服装的店铺为例,一般而言,店铺页面应该优先展示上装,再对下装、配件等进行展示,如图 10-29 所示。

图 10-29　店铺页面对上装的优先展示

从商品的价格角度来看,如果价格高的商品位于前面,那么后面页面的价格偏低的商品就有更大的概率销售出去。图 10-30 所示为欧时力裤装的品牌排序,下面一排的商品价格明显比第一排要低,消费者在看到高价商品后再注意到低价商品,就会比较容易接受。

此外,品类排序需要对商品的特征、类型进行深入了解,最好能够与经营产品与知识渊博的专业人士交流沟通,利用价格来对商品进行陈列。

图 10-30　价格不同的品类排序

在进行品类排序时,需要根据商品种类的不同进行区分,短视频运营者在排列同类商品的时候,根据价格的对比性可以把产品按照"低中高"或"高中低"的顺序予以展示。图 10-31 所示为某运营者店铺的商品陈列方式。

图 10-31　商品按价格"低中高"或"高中低"的顺序陈列

对于追求高性价比的消费者来说,中等价格的商品是较佳选择;对于不在乎价格的消费者而言,高价格商品值得购买;对于价格敏感度高的消费者而言,低价格商品则是为其量身定做的。

对于店铺整体页面的品类排序而言,主要有 4 大板块,如图 10-32 所示。

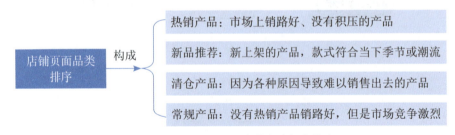

图 10-32　店铺页面品类排序的板块构成

品类的排序并不仅仅与页面的设计相关,而且还和店铺的运营、产品的开发、仓储等密切联系。因此,运营者在对店铺的商品陈列进行视觉设计时,不能一意孤行,而是要和各个不同的部门交流沟通,从而规划出适应店铺的品类排序。如此一来,才能策划出优秀的品类排序,从而不断提升商品和店铺的点击率和转化率。

第11章

封面设计：
6种方法让观众眼前一亮

要想提高短视频的点击量，增加新媒体平台的关注度与曝光度，短视频运营者就必须让用户对其提供的信息眼前一亮。而要做到这一点，视觉营销中的视觉图片的选择尤为重要。本章主要介绍视觉营销的图片素材的选择与封面图的构图技巧。

选择素材：成就亮眼视觉的基础

本节所讲的素材是指没有经过任何艺术的加工、零散而没有系统分类的图片素材。图片素材选择得是否合理是打造亮眼的视觉效果的基础。运营者只有对符合短视频主题并且质量较高的图片素材加工成封面，才能真正为整个短视频增添色彩。本节主要介绍选择优质的图片素材及对图片素材进行艺术加工的相关知识。

1. 清晰度高

高清的图片是获得平台用户良好的第一印象的法宝，它体现了商品价值的高低，直接影响着用户的价值判断。图11-1所示为一款主图清晰的产品，它不仅画质清晰，而且拍摄的角度也比较合理，从而能通过设计凸显产品的品质。

图11-2所示为背景杂乱的图片素材。不难看出，这张图片不仅背景随意，而且给用户一种毫无亮点、平平无奇的感觉。如果在商品封面设计中选择这样的图片素材，肯定难以激发用户的好奇，达不到好的视觉效果。

图11-1　图片清晰的主图

图11-2　背景杂乱的图片素材

▶ **专家提醒**

优质的图片素材除了拥有较高的清晰度外，还应具备的一个特点便是图片背景应该井然有序或者整洁无污渍，而不是杂乱无章，不然就会给用户造成一种品牌感不强的印象。

2. 光线好

随着物质生活水平的提高，人们对品质的要求与标准也在不断提升。因此，如何选择高品质的图片素材便成了短视频运营者在进行封面设计时需要考虑的重点问题。一般而言，视觉光线较好的图片素材相较于光线昏暗的图片素材而言，更容易给用户好的视觉享受。

如果在进行视觉设计时没有把握好视觉光线，一方面容易导致呈现的图片无法达到预期的视觉效果；另一方面，这样的视觉图片也不足以引起用户的观看兴趣。

图11-3所示为一张视觉光线不足的图片素材。由于拍摄者在拍摄时没有把握好视觉光线，从而导致整个视觉画面呈现出一种昏暗的感觉。毫无亮点的图片、缺乏质感的视觉效果是新媒体运营者进行视觉设计的大忌。再来看光线把握得当的图片示例，整个图片给人明亮简洁的视觉感受，体现了图片的质感，如图11-4所示。

图11-3 视觉光线不足的图片示例　　　图11-4 光线得当的图片示例

3.角度合理

要想打造好的视觉效果，需要短视频运营者在进行视觉设计时选择科学合理的图片素材，从而为短视频封面增添亮点，提高短视频的观赏性。下面以图解的形式介绍选择视觉角度合理的图片素材作为短视频封面的好处，如图11-5所示。

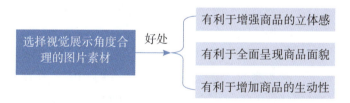

图11-5 选择视觉展示角度合理的图片素材的好处

图11-6所示为视觉展示角度合理的图片示例。仔细观察这张图片，不难发现，该图片的视觉展示角度有利于充分展示商品的全貌，较为立体地展示了商品的特征。

图 11-6 视觉展示角度合理的图片素材示例

▶ 专家提醒

　　选择视觉角度合理的图片素材是短视频运营者进行视觉设计、营造最佳视觉效果的前提条件，也是激发用户好奇心、引起用户关注最重要的影响因素。试想，如果用户无法从封面中寻找到短视频的亮点与独特性，长此以往，也会大大降低用户对运营者的信任度与品牌认知度。

4. 从用户的角度设计

　　即使清晰度再高、视觉光线再充足或是视觉展示角度再准确立体，如果所采用的图片素材都是千篇一律，缺乏创新点，那么对用户的吸引力也是有限的。要保持对用户长久的吸引力，运营者需要从以下两点做起：

　　（1）需要短视频运营者在视觉设计上富有创意和亮点，让用户持续保持对自己的新鲜感。

　　（2）打造独具匠心的图片，够激发用户的好奇心理，给予用户最佳的视觉享受，从而增加产品的好感度，扩大其影响。

　　图 11-7 所示为同类型产品视觉设计效果对比。通过视觉效果比较，不难发现左图是个基本的产品实物图，虽然展示出了产品的实用性，但从视觉设计的角度看，缺乏一定的设计感，看起来比较单调，对用户的视觉冲击较少，同时对用户的吸引力也较弱。

　　右图示例将商品置于一个精心设计的环境中，将座椅放置在屋子的一角，使产品的特色与外部环境融为一体，让用户有舒适和谐的视觉体验，以家为拍摄背景充分从使用者的角度出发，使图片素材的价值更大。

图 11-7 同类型产品视觉设计效果的对比

5. 颜色绚丽

短视频运营者想要让自己的短视频封面能够吸引用户的眼球,那么所选的图片的颜色搭配要合适。

需要运营者注意的是,图片的颜色搭配合适能够给用户一种顺眼和耐看的感觉,对短视频而言,封面图片颜色搭配需要做到以下两个方面:

(1)选择的图片素材要绚丽夺目。

(2)选择的图片素材颜色搭配要与文章内容相符合。

其中,选择的图片素材是否亮丽夺目是吸引用户关注的主要因素,舒适美观的视觉配色有利于提高图片的亮点与辨识度。因此,在没有特殊要求的情况下,封面图片要尽量选择色彩明亮的,因为这样的图片能给运营者带来更多的点击量。下面以图解的形式介绍选择亮眼图片提高点击量的具体原因,如图 11-8 所示。

图 11-8 选择亮眼图片提高点击量的原因

很多用户在观看视频时希望能有一个轻松愉快的氛围,不愿在压抑的环境下观看,而色彩明亮的封面图片就不会给用户压抑沉闷的感觉,恰恰相反的是,它能给用户带来舒适轻松的观看氛围。

当然，封面图片除了亮丽夺目外，在颜色选择上还有一个与内容是否符合的因素存在，这也是在图片的细节处理中需要注意的问题。如果运营者的短视频是比较悲沉消极的，那就可以选择与内容相适应的封面图片，不可使用太过跳脱的颜色，因为这样会降低封面的整体感。

6. 图片美化

运营者在进行短视频运营时是离不开封面图片的，封面图片是短视频变得生动的一个重要武器，而且会直接影响短视频的点击量。

因此，运营者在进行使用封面图片给短视频增色时，也可以通过一些方法对图片进行美化处理，让图片更有特色，提高视觉的精美度，从而吸引更多的用户。

图片美化处理可以让原本单调的图片，通过多种方式变得更加鲜活起来。要想呈现好的视觉效果，就应当注重视觉的精美度，学会利用 Photoshop 处理照片，增加视觉美感。图片美化处理可以通过两个方法着手进行，如图 11-9 所示。

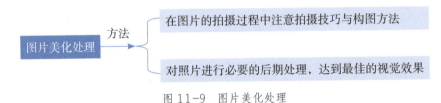

图 11-9　图片美化处理

关于图片后期修改的两种方法，具体介绍如下。

1）图片拍摄时美化

短视频运营者使用的照片来源是多样的，有的运营者使用的图片是企业或者个人自己拍摄的，有的是从专业的摄影师或者其他地方购买的，还有的是从其他渠道免费得到的。

对于自己拍摄图片的运营者来说，在拍摄图片时需要注意拍照技巧、拍摄场地布局及照片比例布局等，就能将图片的最佳效果呈现出来。

2）图片后期处理

运营者在拍完照片或购买图片后，如果对图片呈现效果还是不太满意，可以选择通过后期处理美化图片。

现在用于图片后期的软件有很多，如 Photoshop、美图秀秀和光影魔术手等。短视频运营者可以根据自己的实际技能水平选择图片后期软件，通过软件让图片变得更加夺人眼球。

一张图片有没有进行后期处理，效果差距是天壤之别，以笔者经验之谈，进行后期处理的图片看起来更美观。图 11-10 所示就是同一张照片没有进行后期处理（上边）与进行后期处理（下边）的视觉效果对比。

图 11-10　同一张图片没进行后期处理与进行后期处理的效果对比

7. 遵循基本的制作规范

在对图片进行设计时，运营者还要遵守一定的图片制作规范，从而提高图片的质感，保证图片最佳的视觉效果。值得注意的是，在设计的图片中切忌标注过多杂乱无章的产品信息。因为杂乱无章的信息标注只会让图片看起来价值感低且较为廉价。如图 11-11 所示，该图片不按照规范制作，画面的背景色选择过于抢镜，再加上信息字体颜色与背景色撞色，徒增用户获取信息的难度。

图 11-11　不按规范制作的主图

目前，很多运营者都借助各种短视频平台不断加大促销推广的力度，因此常常会在封面图上大做文章，但有时因为没有把握好分寸，往往效果适得其反。有的运营者在封面图上无限放大促销、优惠及商品特色等信息，甚至这些信息占据的面积比封面主体内容还要大，严重影响了封面图的美观度。

▶ 专家提醒

如果短视频封面没有按照规范进行制作，就会影响短视频点击量；如果商品封面没有按照规范进行制作，那么流量难以转化为销量，对视觉营销而言是较大的阻碍。因此，封面的制作规范需要在设计之前就考虑好，以保证封面视觉设计的水平。

优质好图：掌握 3 大封面基本特征

用户在搜索关键词之后，跳转的页面中会出现一系列短视频封面图片，而图片质量的高低直接影响短视频点击率的高低。如果封面图片能够契合短视频的主题，符合用户的审美标准，那么就能激发用户的好奇心，从而提高短视频的点击量。那么，优质的封面好图应具备哪些基本特征？下面笔者以图解的形式介绍优质好图的基本特征，如图 11-12 所示。

第 11 章 封面设计：6 种方法让观众眼前一亮

图 11-12 优质好图的基本特征

一张优质的封面图片能对用户产生强烈的视觉冲击感，在一定程度上节约了平台推广的成本支出。对于短视频运营者来说，好的封面会让用户眼前一亮，向用户传递产品的重要信息，从而能引发用户的阅读兴趣。

TIPS 087 分层处理：信息展示做到主次分明

无论是短视频平台上的宣传广告，还是店铺中的产品封面图片，在信息的展示上都应该有主次之分，而不是随意分布、杂乱无章。总的来说，对商品信息进行分层处理的好处有很多，如图 11-13 所示。

图 11-13 对商品信息进行分层处理的好处

一般而言，商品封面图的信息会比较简单，只有商品图和品牌标识，如图 11-14 所示。而有的商品封面图则会加上促销等信息，这时就需要在页面设计中对各种信息内容进行分层处理。图 11-15 所示为某服装封面图，体现在第一位的自然是商品本身，然后是商品价格"￥2231"，紧接着是促销活动的信息"1 件 9 折""2 件 8 折"，最后是促销活动时间"9 月 16 日 ~ 9 月 18 日"。

如果不对商品主图的信息进行分层处理，消费者就无法一眼抓住视觉营销重点，继而会失去对商品和品牌的信心。图 11-16 所示为某品牌铜线的主图。

图 11-14　某护肤品封面图　　　　图 11-15　某服装封面图

图 11-16　不注重信息分层处理的图片示例

观察图 11-16，不难发现图片中的文字信息随意遮盖商品图，信息层级划分并不显著，而这样设计将会给消费者的购物带来不好的视觉影响，从而降低店铺商品的销售量。

▶ 专家提醒

凡事都有主次之分，商品主图的信息展示也是如此。只有规范了信息的层级，才能给消费者带来更加舒适的视觉体验，从而有效促进商品的销售。

第 11 章 封面设计：6 种方法让观众眼前一亮

品牌宣传：让观众看过后记忆犹新

随着短视频和电商行业的不断蓬勃发展，在线销售的商品越来越多，如何进行更为出色的视觉营销也成为许多运营者都在思考的问题。

于是，全力打造品牌成为许多运营者的首要选择，他们不再拘泥于简单的商品销售，而是致力于品牌的宣传和推广。因为只有通过记忆强化，才能使得消费者对商品所属品牌记忆犹新，把新老客户都留住。但品牌的宣传和推广需要付出的代价比较大，运营者需要应对几大问题，如图 11-17 所示。

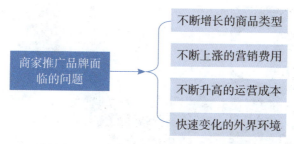

图 11-17 商家推广品牌需要面临的问题

传统的企业在树立品牌时，花费了不少心血，投入的资本也不容小觑。而电商企业要想对品牌进行宣传和推广，就不要从资金上和传统企业较劲，通过商品封面展示品牌标识是一个不错的方法。笔者注意到，大品牌的商品封面图有一个共同的特点，就是品牌标识都统一位于画面的某一侧。这样一来，不仅可以吸引新顾客的注意力，还可以让老顾客产生熟悉感，进而促进商品的销售，为品牌的宣传和推广打好良好的基础。

质感体现：影响到观众的心理感受

短视频运营者在进行视觉设计或选择相关视觉图片时，应注重体现视觉图片的质感。高质感的视觉图片更容易抓住新媒体用户的眼球，带给用户最佳的视觉感受。譬如，不同质感的商品封面图，会在无形之中影响消费者的心理感受，使他们从不同的角度关注商品，如图 11-18 所示。

213

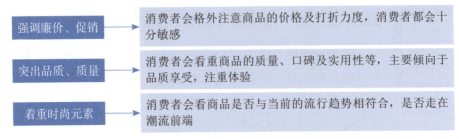

图 11-18　不同质感的商品主图对消费者的心理感受的影响

以瓷质盘子为例，作为一种注重质感的商品，在图片的设计上要格外用心。图 11-19 衬托展示的是 3 种不同的商品。

（a）光线偏暗的商品图　　（b）背景色与产品色接近的商品图　　（c）质感展示良好的商品图

图 11-19　商品的不同衬托展示

▶ 专家提醒

相同类型的商品展示方式主要有两个影响：

（1）商品通过不同的方式展示出来，会形成不同的质感。

（2）商品通过不同的方式展示出来，得到截然不同的销售效果。

因此，通过烘托展示，能够让商品主图显得更加有质感，即更富有价值感。

虽然展示的商品都是相同的类型，但体现出来的商品质感却有所不同，关于以上几种商品衬托展示的相关分析，如图 11-20 所示。

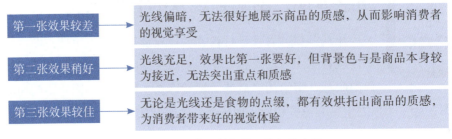

图 11-20　商品衬托展示的相关分析

▶ 专家提醒

相同类型的商品通过不同的方式展示出来，会形成不同的质感，从而也会得到截然不同的销售效果。因此，通过烘托展示，能够让商品封面图显得更加有质感，即更富有价值感。

合理构图：全面展示，突出多样性

视觉构图的应用范围很广，但其目的只有一个，就是打造一个协调好看的画面，引起人们的注意。那么，构图的含义是什么呢？笔者的具体分析如下：

（1）依据：主题和题材类型。

（2）方法：整合要表达的信息。

（3）目标：构成具有美感的画面。

在笔者看来，视觉构图的方法不计其数，接下来将介绍几种典型的视觉构图方法，运营者可根据笔者提供的方法对视频封面或商品封面进行包装或设计。

1. 对称构图法

对称构图法的妙处就在于在主要位置突出重点信息，在信息两侧分布对称的信息或图案，以达到画面的平衡感。如图 11-21 所示，画面的中间显示了"京东超级品牌日"的主要信息，也是商家最想让消费者看到的信息，而信息两侧则是古建筑元素。京东使用对称构图法，使得整个画面呈现出平衡之美。

图 11-21　对称构图

2. 黄金分割构图法

黄金分割构图法是经典的构图法,各种各样的物体都可以通过这种构图法进行美化。黄金分割具有极大的艺术和审美价值,其特点如图11-22所示。

图11-22 黄金分割构图法的特点

图11-23所示为某短视频运营者店铺中展示的精美绝伦的珠宝,珠宝正好处于画面的黄金分割位置。在进行此种构图时,可以将要凸显的产品、图片或文字放于画面1∶0.618的位置。

图11-23 黄金分割构图

▶ 专家提醒

黄金分割构图法是每个短视频运营者都要掌握的构图方法,它所承载的美学价值是无穷无尽的,不仅能够给视觉带来几何美感,还能创造生活中的美。

3. 图文分开构图法

图文分开的构图法在所有的构图方法中算是比较简单便捷的,而且比较适合刚开始设计视觉效果时运用,避免犯错误。需要注意的是,在把文字和图片分开之后,要重点突出文字要表达的信息。

图11-24所示为某短视频运营者制作的产品封面图,图片和文字很明显分开了,而且整个画面也十分简单。背景为单一的纯色,上方的文字运用了3种不同

的字体来描述产品信息,主次分明,画面和谐。

图 11-24 图文分开构图

4. 四六构图法

四六构图法就是把文字和图片以 4∶6 的比例放置,给人带来一种和谐的视觉感受,而且还富有层次,让人不得不为此注目。图 11-25 所示为某平台的横幅广告,右边是重点突出的文字信息,左边是产品的高清图片,整个画面既协调又完整。

图 11-25 四六构图法

除了四六构图法，还可以延伸为三七构图法，只要是能够带给消费者视觉享受的，都是成功的视觉构图方法。在实践中不断尝试，构图的方法就会越来越多，视觉效果也会越来越丰富。

5. 三角构图法

在画面内以3个元素为视觉中心，形成一个类似于三角形的形状，这样构图的好处是既沉稳又不失灵巧。图11-26所示为斜三角形的构图法，产品的放置位置正好是一个斜三角形，画面总体和谐。

图11-26 三角构图法

▶ 专家提醒

运营者在对店铺的视觉效果进行构图时，如果找不到头绪，还可以向一些专门分析构图技巧的微信公众号学习，如"手机摄影构图大全"等。

6. 分隔构图法

商品主图在构图上也需要进行认真的设计，因为不同的构图方法可以打造不同的视觉关注点，从而形成风格各异的商品气氛，给消费者带来视觉享受。

例如，在服装类商品的视觉营销中，运用得比较多的是分隔构图方法。短视频运营者采用分隔构图方法时，因为橱窗页面的限制，为了全面展示商品的面貌，就需要将画面分割成几个部分。图11-27所示为视觉设计中采用的分隔构图法。

采用分隔构图法的好处一是可以全方位展示商品的特点，让消费者买得放心；二是可以呈现出产品的不同颜色和款式，从而吸引消费者的注意力。虽然分隔构图法主要用于服装类商品的视觉设计中，但其他类别的产品也可以采用这种构图法，如图 11-28 所示。

图 11-27　视觉设计中采用的分隔构图

图 11-28　商品主图的分割构图法

　　这张商品主图运用分隔构图法的主要表现是在画面中将主图分割成 3 个部分，然后每个部分展示了不同摆放方式的商品，让消费者能够清晰明了地看到商品的特征及多样性。

7. 直线构图法

　　直线构图法能够充分展示商品的种类和颜色，而且使得消费者更容易在视觉效果上对商品进行比较，从而对商品的选择也更加多样化。图11-29所示为运用直线构图法呈现的商品封面图。

图11-29 商品主图的直线构图

8. 渐进构图法

渐进构图法就是对商品有组织、有顺序地进行排列，如由大到小、由远及近，这样做的好处有很多，主要体现在3个方面，如图11-30所示。

图11-30 渐进构图法的优势

第12章

文案设计：
9个技巧实现文案视觉化

在短视频运营过程中，如何创作出优质有新意的短视频文案或产品文案，是每个运营者都必须解决的问题。简而言之，在文案编写过程中，不同的写作形式能给用户不同的视觉效果。本章笔者主要介绍编写短视频文案和产品文案的相关技巧。

主题文案：向用户表露自己的意图

在进行文案设计时，短视频运营者一定要明确主题，而且还要在视觉表达上突出主题，让消费者直接接收到你想要传达的信息。因此，主题的文案表达需要符合简洁大方、效果显著和开门见山这3个要求。

譬如，一般的商品广告突出的主题都是围绕营销展开的，因而少不了促销、优惠、打折和满减等信息，在设计时就应该重点突出这些要素。接下来一起看看主题突出的视觉设计都是怎么做的。

图12-1所示为某运营者抖音上的食品类营销广告，该文案设计主要突出了产品的特性，即"鲜"。而右侧的"满158减10元"则大大吸引了消费者的兴趣，这也是促销的手段之一。

图12-1　食品＋满减

图12-2所示为阳澄湖大闸蟹的营销广告，"中华好蟹"四个大字强调营销产品的质量，"买一送一"是焦点，并以红色的字体标注，下方的"满199减100"可以再次引起消费者的关注。总之，该文案主题突出，层次井然，有效传达了相关信息。

图12-2　赠送＋满减

图 12-3 所示为某平台的广告图，主要突出了"粉丝狂欢节"的活动，同时还添加了优惠券信息，这样的营销手段让消费者不得不为之动心。

图 12-3　雅顿周年庆买一送一

当然，在突出主题时还要注意一些事项，不然只会造成视觉效果的混乱。图 12-4 所示为设计主题突出的视觉效果时应该注意的问题。

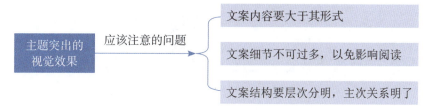

图 12-4　设计主题突出的视觉效果应该注意的问题

热门文案：借势流量，成为获利幸运儿

TIPS 092

在短视频文案写作中，有一类专门借助热门头条事件来策划短视频的文案，即热门文案。它具体是指围绕热门话题、热点新闻、热点事件，以评论、追踪观察、揭秘、观点整理、相关资料等方式写作的软文。热门文案可以在第一时间从互联网上抓取流量，伴随新闻热点的巨大搜索量，相关评论、相关知识将在第一时间获得转载、搜索，会获得不少的人气。

所以，运营者要有灵敏的鼻子，才能抓住最新热点，成为靠热点获利的幸运儿。值得注意的是，运营者应该多找一些热门词，不过一定要抓住时机，不要等热点冷却了一段时间,才将短视频文案策划好,那样并没有什么用处,不会有几个人愿意去阅读过时的信息。因此,运营者在利用热门头条事件策划短视频文案时,应该从以下3个方面着手。

(1)企业可以利用百度风云榜,查看热点榜单首页,就可以看到最近几天的热门信息,如图12-5所示。企业根据榜单上所给的热点信息,可以从中找到适合自己产品的热点,进行热点文案的撰写。

图 12-5 百度风云榜榜单

(2)这个世界几乎每天都可能发生一些热门事件,在"百度新闻"首页会有"热点""推荐"等新闻栏目,如图12-6所示。

图 12-6 百度新闻热点

运营者可以围绕这些热门新闻事件整理相关评论和知识，来撰写一个短视频策划文案，从而借助社会热点本身的话题度提高短视频的点击量，使短视频具有一定的影响力。

（3）运营者要想保持新闻敏感性，一定要富有创意，第一时间追踪热点新闻或事件，围绕这些热点制造用户想看的短视频内容。图 12-7 所示为借助热门事件策划的抖音短视频，当第一台云电脑正式发布成为热门新闻时，诸多运营者都借用此热点打造了一系列短视频。

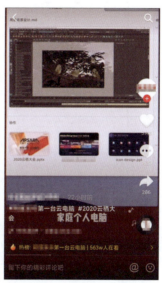

图 12-7　追踪新闻热点策划短视频

那么，利用热门事件的文案究竟能够带给运营者什么影响呢？具体包括两个方面的内容，如图 12-8 所示。

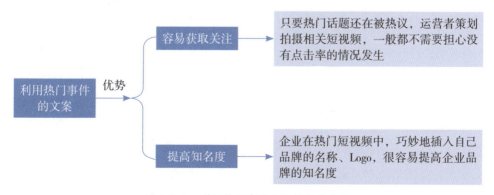

图 12-8　利用热门事件文案的优势分析

读心文案：写文案必须针对用户需求

读心文案是专门针对消费者的实际需求打造的，在文案的创作过程中作者要学会读懂消费者的心思，这样在文案的撰写过程中才能考虑得更加全面。

了解短视频用户的需求有多种途径，如在淘宝上搜索产品时，就会弹出一些相关联的词语，如图12-9所示。

图12-9 淘宝关键词搜索

从这些关键字词的搜索，可以从中分析出消费者的大致需求，具体分析内容如图12-10所示。

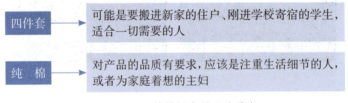

图12-10 关键词中展示的需求

▶ 专家提醒

根据这些关键词，就可以有针对性地进行文案的撰写和设计，比如床单的原料含棉量高，适合任何场所，如学校、家里及酒店等。这就是读心，也就是根据消费者的真正需求来描述产品详情。

很多消费者对一款产品具有多方面的需求，因为消费者都希望用同样的价格买到价值更高的产品，此时对产品的文案设计就要范围广一点。举个例子，消费者在购买同款洁面皂的时候，由于个人的需求不同，个人的肤质有所差异，于是运营者就应该结合不同消费者的肤质特性，制作产品的相关文案。图12-11所示为某短视频中洁面皂的产品描述。

第 12 章 文案设计：9 个技巧实现文案视觉化

图 12-11 洁面皂的产品描述

短视频文案中提到同款洁面皂可以根据肤质选择不同的配方，并且还在相应的产品介绍中注明不同配方的产品适用于哪种肤质，进一步提升了消费者对产品的信任度。因为该短视频文案从各个方面都考虑到了消费者的需求，因而得到了不少消费者的信赖。同时，运营者还可以适时地加入销售信息，应对消费者的需求。譬如，将购买链接放置在短视频中。图 12-12 所示为短视频中推荐产品的链接详情。

图 12-12 推荐多功效的产品

227

卖点文案：用产品卖点来吸引消费者

卖点文案就是竭力突出产品的特色，让消费者看到文案之后，自行被吸引，并且能够说服自己第一时间购买这个产品。运营者要写好卖点文案，除了要了解产品针对的目标人群及明确产品的卖点之外，还应掌握卖点文案具备的特征。卖点文案的主要特征如图12-13所示。

图12-13 卖点文案的主要特征

下面介绍一些富有创意的卖点文案。

首先来看某品牌的三文鱼卖点文案，如图12-14所示。"即食"二字主要突出了产品的内在优势，再加上包装上的"全球采购"，突出关注的食品安全性，虽然只有寥寥4个字，却完整地展示了产品的卖点，让消费者一目了然。

图12-14 某品牌三文鱼的卖点文案

而有的产品文案设计则是通过"大打亲情牌"的方式来引起消费者的兴趣。图12-15所示为某品牌婴儿牛奶沐浴露的卖点文案，它通过"没有香精、添加剂……"和"泡沫软软的像棉花糖"的产品卖点来打动消费者，同时又体现了产品的特点。这个文案设计不仅符合产品的买点，而且还宣传了品牌，十分巧妙。

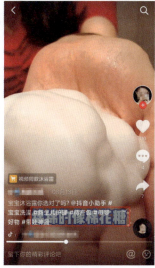

图 12-15　某品牌婴儿牛奶沐浴露的卖点文案

图 12-16 所示为某化妆品品牌的卖点文案，它采用的是一语双关的手法——"悦自己，越美丽"，它一方面是呼吁大家要学会珍惜自己，愉悦自己，享受生活，另一方面突出强调了自身产品可以使消费者更加美丽，能够为消费者带来愉悦的产品体验。这样的卖点文案看似简洁，却蕴含了不少小窍门，值得商家在文案设计时好好琢磨，认真思考。

图 12-16　某化妆品品牌的卖点文案

除了凸显产品自身的优势，运营者还可以从邮费、费用、性价比等方面进行卖点文案的设计。当然，重要的是吸引消费者的眼光。因此，在实践中发现的各种文案撰写方法也可以采用。

产品文案：抓对营销卖点，助力突围

按照产品的发展规律，我们可以将产品文案分成预告文案、新品文案及干货文案，下面笔者将进行详细说明。

1. 预告文案

对于好的内容，运营者一定要提前对内容进行预告，这就像每部电影前的宣传手段一样，通过提前预告的方式让用户对内容有一定的期待性，而且提前预告成本不大，是一种非常有效的推广运营方式。内容提前预告的几个注意事项如图12-17所示。

图12-17　内容提前预告的注意事项

2. 新品文案

新产品的策划文案中，创作重点主要是以产品为中心，通过产品进行全面内容的把握。实际的内容主要包括以下几个方面，这些方面也是新品文案中重要内容的直接体现部分，如图12-18所示。

图12-18　新品文案的主要内容

很多新品推出之时，都是以产品的卖点为主，没有卖点就打造卖点，以吸引消费者的注意力。图12-19所示为某品牌推出的新款产品——调理水，这个新品文案主要是以"高山植物，纯净美肌"为卖点。

新品文案是每个商家在推出新品时都不能忽视的，因为新产品的成功与否往往就取决于文案与视觉效果的设计，如果没有抓住卖点或者打造出富有特色的卖点，这款新品就难以突围成功。

图 12-19　新品文案

3. 干货文案

对于短视频运营者来说，它之所以受到用户的关注，就是因为从该运营者的短视频中用户可以获取他想要的信息，而这些信息必须是具有价值的干货内容，而人云亦云、胡乱拍摄的短视频带给用户的只能是厌烦情绪。

因此，在平台运营中，保证推送的内容是具有价值的专业性的干货内容，有两个方面的作用，如图 12-20 所示。

图 12-20　平台推送干货内容的作用分析

运营者通过平台推送的干货性质的内容，用户能够学到一些具有实用性和技巧性的生活常识和操作技巧，从而帮助用户解决平时遇到的一些疑问和难题。基于这一点，也决定了运营者在短视频运营方面是专业的，其内容是能够接地气的，带来的是实实在在的经验积累，增加用户对平台的信任感与认可度。

图 12-21 所示为"手机摄影构图大全"头条号为用户提供的构图技巧和手机摄影后期教程。

图 12-21 平台推送摄影干货内容的案例介绍

促销文案：有冲击力，体现出紧迫感

促销文案是文案中比较常用的一种，而且在短视频平台上都能看到，通常促销文案都具有 4 个特征，如图 12-22 所示。

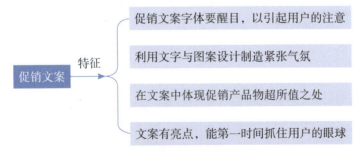

图 12-22 促销文案的特征

首先来看某短视频运营者的生鲜产品促销文案，如图 12-23 所示。首先整个页面以暖色调为主，营造出温暖、亮眼的视觉效果，用大号字体突出了"全球生

第 12 章　文案设计：9 个技巧实现文案视觉化

图 12-23　生鲜产品的促销文案

鲜甄选"的重点信息，说明促销产品的类型与活动范围，同时下方注明了"年终特惠，商品第 2 件 0.1 元起"的优惠信息，充满诱惑力。

在该图片下方还展示出部分生鲜产品，增加视觉冲击，而黄底红字的"第二份半价"则再一次突出强调了产品的优惠力度，促使消费者的目光锁定在品牌活动上。

再来看某厨具品牌的促销文案，如图 12-24 所示。在该文案中，品牌与活动信息运用加粗的字体显得比较醒目，而"厨具全场，3 件 8 折起"的折扣信息，则是以亮眼橙色底纹和白色字体显示，从而增加对消费者的吸引力。

图 12-24　某厨具的促销文案

图 12-25 所示为某坚果品牌的促销文案。在这则文案中，各种招数齐上阵，其促销文案标明是"××礼'盒'你心意"，不仅用黄色加粗字体凸显重点信息，打造节日气氛，还通过谐音"盒"与"合"，别具匠心地突出商品"礼盒"概念，以获得消费者的注意。不仅如此，该运营者还利用"消费 TOP1 送某品牌天鹅项链"来制造紧张的氛围。此外，右下角的"满 199 减 100 元"字样则能有效地吸引消费者的目光。

图 12-25　某坚果品牌的促销文案

 品牌文案：更加清晰地展示品牌形象

品牌文案的作用就是通过文案全面而清晰地展示品牌形象，品牌就好像一个人的性格，而文案就是人说话和做事的方式，两者互为表里，相互作用。

首先来看看某白酒品牌的系列文案，该酒品牌有着独树一帜的风格，它从不会在文案中体现自己窖藏多久，而是着重突出文案中的烟火气息，它甚至为此还打造出一个虚拟形象配合文案宣传。在图 12-26 所示的文案中，一句"我们的相识，是一场蓄谋已久的意外"，道出了老友阔别重逢的惊喜、追求情人时的酸酸楚楚，极其富有生活气息。

图 12-26　某酒品牌的文案

第 12 章　文案设计：9 个技巧实现文案视觉化

从图 12-26 中可以看出，该品牌运用的都是比较简洁和极其平淡的词汇，虽然词汇看起来平平无奇，但是其中蕴含的力量，只有经历过生活磨难的人才能真正体会。当然，这也是该品牌文案被称为"扎心文案"的原因。

▶ 专家提醒

品牌文案的撰写和设计通常都具有显著的特色，之所以称为品牌，就是因为它们已经成功树立了自己的品牌形象，与其他的产品有所区别。因此，品牌文案也是如此，既能够清晰地体现出和其他产品的不同，又能挖掘出深意。

当然，品牌文案除了运用这种简洁的方法来展示产品，也有的品牌文案通过特殊的体式来打响品牌。如某平台创始人，喊出"我为自己代言"的口号，在当时看来可以说是语出惊人，同时该口号的火爆标志着文案营销已发生重大进步，也证明了品牌文案对于推广品牌的重要性。

品牌与文案的结合是塑造企业和品牌形象较为直接的途径，同时也为视觉效果的打造增添了不少色彩，每个短视频运营者都应该根据自己品牌的定位来设计文案，这样才能有效促进产品持久销售。

当然，还有的品牌会用比较文艺或者新潮的方式来撰写文案，以让消费者对其品牌留下深刻的印象。图 12-27 所示为某品牌的文艺文案。

图 12-27　文艺文案

 ## 活动文案：善用一句话表达核心内容

活动文案的诞生要有一定的目的，这个目的可以分为很多种，下面笔者以图解形式进行具体分析，如图12-28所示。

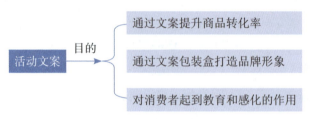

图12-28 活动文案的不同目的

图12-29所示为某护肤品牌官方旗舰店的活动文案，是围绕"国庆礼遇季"暨新品上市展开的。该品牌在业界小有名气，它是以高效天然药性植物成分为产品卖点与特点，因而此次活动文案的策划一是迎合国庆活动氛围，推出新研发的新品——小鲜瓶；二是提升店铺的转化率；三是为了继续发扬品牌影响力，让更多的消费者知晓该品牌；四是提升老用户对品牌的好感度和信任度。

图12-29 某护肤品牌的活动文案

再来看一则活动文案，该活动文案巧妙的地方就在于注重打造品牌的独特性，在活动策划中充分体现品牌的独特风格与定位，让自身的活动文案脱颖而出。中国风的文案风格不仅完美展现了该产品主要针对中国女性的皮肤质量身定制的特点，还辅之以优惠券的方式，提升了品牌质感，有力地吸引了消费者的眼球。此外，整个活动页面都延续了这样的文案风格，如图12-30所示。

第 12 章　文案设计：9 个技巧实现文案视觉化

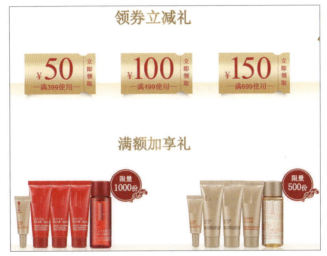

图 12-30　某护肤品品牌的特色活动文案

TIPS 099 福利文案：直接呈现，提高点击动力

短视频其中一个目的是推送企业产品或品牌信息，所有的短视频文案或产品文案都要围绕这一目的展开，文案中关于企业产品福利活动的推送也是如此，尽可能便捷、迅速地把意思清楚地传达给读者，这样才能形成预期的推送效果。也就是说，在企业产品或品牌有相关福利的活动信息时，应该在文案开篇就详细直白地陈述出来。关于福利的发布，具体内容包括 3 个方面，如图 12-31 所示。

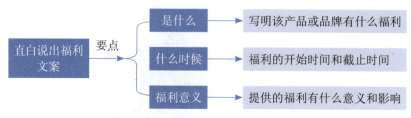

图 12-31 直白说出福利的方案要点

只有直白呈现图 12-31 所示的内容，才能让读者在点击阅读的时候有动力，才能坚持看下去，最终达到吸粉的目的。